FREUDE!

Papst Franziskus

FREUDE!
Durch den Advent mit PAPST FRANZISKUS

Zusammengestellt und kommentiert von Diane M. Houdek

Aus dem Amerikanischen von Ilona Mahel

Mit Bildern von Eberhard Münch

adeo

Inhalt

Beten – danken – Menschen helfen

In der hektischen Vorweihnachtszeit passiert es schnell, dass wir den tiefen Sinn des Advents übersehen. Doch wenn wir uns die Zeit nehmen, sein leises Summen hinter allem geschäftigen Einkaufen, Backen, Dekorieren und all den Weihnachtsfeiern wahrzunehmen, entdecken wir die stille Freude, die diese Zeit in sich trägt: Momente ohne die Hast (oder den Frust) des Dezembers. Selbst hauptamtliche Mitarbeiter der Kirche können sich so in den Weihnachtsvorbereitungen verlieren, dass sie die tiefe Freude des Advents verpassen. Die Adventszeit fordert uns heraus, einen Schritt von der hektischen Welt zurückzutreten – wenn auch nur für ein paar kurze Momente jeden Tag.

Papst Franziskus ist der ideale Begleiter durch diese Zeit des Jahres. Da er selbst nicht vor einem vollen Terminkalender zurückschreckt, hat er das Geheimnis entdeckt, wie man eine sinnvolle Balance hält zwischen Arbeit und Besinnung, Geschäftigkeit und stiller Einkehr, Feiern und Alleinsein, und wie man Schlichtheit mit den komplexen Vorgängen des täglichen Lebens verbinden kann. Der Kern dieses Geheimnisses ist die Verankerung in Christus. Die Arbeit, die wir tun (und die Freude, die daraus entstehen kann), entspringt dem Wunsch, das Geschenk der Liebe Gottes allen zu bringen, denen wir begegnen.

Unterschiedlichste Themen bewegen Papst Franziskus in seinen Predigten zum Advent. Am Anfang der Adventszeit macht er uns bewusst, dass wir uns auf einer Reise befinden, ebenso wie das Volk Gottes immer unterwegs gewesen ist – durch die Wüste, ins Gelobte Land, ins Exil, zurück ins Gelobte Land, nach Ägypten und erneut zurück ins Gelobte Land. Wir sind unterwegs mit den Propheten, mit Maria und Josef, mit der Heiligen Familie. Am Ende der Adventszeit bringt uns die Reise der drei Weisen aus dem Morgenland nach Bethlehem und die Rückkehr in ihre Heimat zum Ausgangspunkt zurück. Für jeden von uns wird diese Reise durch den Advent anders sein, aber wir alle haben das gleiche Ziel: Leben im Einklang mit Gott.

Maria ist eine zentrale Person in der Adventszeit. Ihre Geschichte ist unsere Geschichte. Vielleicht überrascht uns das. Sie hat Jesus zur Welt gebracht und so ihren eigenen Körper dem Wort Gottes geschenkt. Aber Papst Franziskus erinnert uns daran, dass auch wir diesem Wort jeden Tag das Leben schenken, indem wir uns mit der Liebe und Barmherzigkeit Gottes um Andere kümmern, indem wir das Licht Christi in eine Welt bringen, die oft von dunklen Wolken eingehüllt ist, und indem wir Anderen ein Gesicht zeigen, dass das Gesicht Gottes widerspiegelt. In der zweiten Adventswoche feiern wir das Fest der Unbefleckten Empfängnis und das Fest Unserer Lieben Frau von Guadalupe.

Auch das Thema Familie zieht sich durch die Adventszeit. Für die Meisten von uns bedeuten Advents- und Weihnachtszeit mehr Kontakt mit der Familie als in jeder anderen Zeit des Jahres. Familie war für Papst Franziskus schon immer ein wichtiges Thema. Die Synode zum Thema Familie hat zu manchen überraschenden oder sogar schockierenden Wendungen geführt, und die Kirche ringt nach wie vor mit den verschiedenen Vorstellungen von Familie, die unterschiedliche Menschen haben. Als Gesellschaft, als Kirche, als Pfarrgemeinde, als Einzelpersonen kennen wir Freud und Leid des Familienlebens. Wenn wir in der Adventszeit und an Weihnachten an die Heilige Familie denken, entdecken wir in ihrem Leben manche der Dinge, die auch wir in unseren Familien erleben. Wir lernen von ihnen und lassen uns von ihnen inspirieren, um Heilung und Hoffnung zu finden.

Das bei Weitem wichtigste Thema aber ist Freude. Es ist kein Zufall, dass das erste offizielle Schreiben von Papst Franziskus das Apostolische Schreiben über die Freude des Evangeliums (*Evangelii Gaudium*) war. Dieses Thema zieht sich durch alles, was der Papst sagt und tut. Der dritte Adventssonntag heißt auch *Gaudete*, nach dem ersten Wort im Eröffnungsvers: Freut euch! Für Papst Franziskus ist Freude nicht auf einen einzelnen Sonntag beschränkt, sondern sie zieht sich durch die ganze Adventszeit, selbst durch dunkle Zeiten wie die des Martyriums des heiligen

Stephanus oder die schreckliche Herrschaft von König Herodes. Er zeigt uns, wie wir Freude empfinden können, egal wie unsere Lebensumstände gerade aussehen. Darin folgt er seinem Namenspatron, dem heiligen Franziskus.

Zu Beginn der Adventszeit rufen wir uns diese Worte des Papstes ins Gedächtnis. Er fasst den Kern der christlichen Freude in drei Tätigkeiten zusammen: „Beten, danken, Menschen helfen." Wenn wir uns diese Worte zu Herzen nehmen und sie in unserem Alltag umsetzen, werden auch wir die Adventsfreude entdecken, eine Freude, die wir mit hineinnehmen können in das neue Jahr.

Die Weihnachtsfreude ist eine ganz besondere Freude. Denn diese Freude geht über den Weihnachtstag hinaus, sie gilt für das ganze Leben eines Christen. Es ist eine aufrichtige und stille Freude, eine Freude, die Christen für immer begleitet. Selbst in schwierigen Zeiten bringt diese Freude Frieden. Ein wahrer Christ verliert nie seinen Frieden, selbst im Leid nicht. Dieser Friede, ja, auch die christliche Freude ist ein Geschenk des Herrn.

Beten wir in diesen Tagen. Aber vergessen wir nicht, dabei um die Weihnachtsfreude zu bitten. Danken wir Gott für all die guten Dinge, die er uns gegeben hat, vor allem den Glauben. Dieser ist eine wunderbare Gnade. Wir sollten uns überlegen, was wir tun können, um denen, die in Not sind, ein bisschen Erleichterung, ein bisschen Frieden zu bringen.

Betend, dankend und Menschen helfend. So werden wir bei der Geburt des Gesalbten ankommen – als Menschen, die mit Gnade, Gebet und Hilfe für Andere gesalbt wurden.

Zum Gebrauch dieses Buches

Wie so viele andere Phasen im Kirchenjahr variiert auch die Adventszeit von Jahr zu Jahr in der Länge, abhängig davon, wie viele Tage zwischen dem ersten Adventssonntag und dem 25. Dezember liegen. Der Advent enthält immer vier Sonntage. Wenn der erste Weihnachtstag auf einen Samstag fällt, feiern wir vier volle Wochen lang Advent. Wenn er auf einen Montag fällt, haben wir nur drei Wochen. Die letzten sieben Tage vor Heiligabend (17.–23. Dezember) bezeichnet man als die O-Antiphonen. Sie heben sich von den normalen Wochentagen im Advent ab und haben ihre eigenen, besonderen Lesungen. Einer dieser Tage wird immer ersetzt durch den vierten Adventssonntag.

Freude! enthält genügend Andachten, um die ganze Adventszeit abzudecken – auch in ihrer längsten Form. Für jeden Tag sind die Lesungstexte angegeben für die, die täglich den Bibeltexten der Heiligen Messe folgen wollen. Wenn Sie diesen Ansatz wählen, müssen Sie ab dem 17. Dezember zu den späten Wochentagen des Advents wechseln. Sie werden aber im Buch selbst auch immer wieder daran erinnert. Ab dem 24. Dezember befassen sich die Andachten mit Heiligabend, dem ersten Weihnachtstag sowie verschiedenen anderen Feiertagen der Weihnachtszeit: das Fest des heiligen Stephanus, die Heilige Familie, Maria, die Muttergottes, sowie das Fest der Heiligen Drei Könige. Weil der Advent eine Zeit ist, die zu einer noch viel bedeutenderen Zeit führt, lohnt es sich, ein paar Tage zur Ruhe zu kommen und das Ziel unserer Reise durch den Advent zu feiern: das fröhliche Fest der Menschwerdung Gottes.

Jeder Tag beginnt mit einem Lesungstext. Sonntags sind diese Texte dem dreijährigen Sonntagszyklus entnommen, unter der Woche wird der einjährige Wochentagszyklus verwendet. Die Lesungen für die Wochentage im Advent sind somit in jedem Jahr gleich. Darauf folgen eine Andacht von Papst Franziskus und zwei Vorschläge, wie man diese Andacht im täglichen Leben anwenden kann („Das Wort berührt unser Herz" und „Das Wort wird lebendig"). Indem wir „das Wort" in jedem dieser Kontexte verwenden, erinnern wir uns daran, dass wir mit der Geburt Jesu feiern, dass „das Wort Mensch wurde" (Johannes 1,14). Jeder Tagesabschnitt endet mit einem Gebet von Papst Franziskus, das oft den Abschluss seiner Andacht für den Tag bildet.

Die Andachten des Papstes sind zusammengestellt aus seinen täglichen Predigten und der Ansprache, die er beim

Angelus-Gebet am Sonntag hält. Manchmal war auch eine andere Ansprache oder Predigt Quelle für die Andacht. Die Quellenangaben finden sich am Ende des Buches.

1. Adventssonntag
Gemeinsam unterwegs zum Frieden

Jahr A: Jes 2,1–5; Ps 122,1–9; Röm 13,11–14; Mt 24,37–44
Jahr B: Jes 63,16b–17+19b; 64,2–7; Ps 80,2–3+15–16+18–19
Jahr C: Jer 33,14–16; Ps 25,4–5+8–10+14; 1 Thess 3,12–4,2; Lk 21,25–28+34–36

Worte von Papst Franziskus

Heute, am ersten Adventssonntag, beginnen wir ein neues Kirchenjahr. Das heißt, das Volk Gottes begibt sich erneut auf die Reise – zusammen mit Jesus Christus, unserem Hirten, der uns durch die Geschichte der Menschheit zur Vollendung des Reich Gottes führt. Deshalb ist dieser Tag ein besonderer: Er macht uns die Bedeutung der Geschichte auf tiefe Weise erfahrbar. Wir machen uns bewusst, wie wunderbar es ist, dass wir alle zusammen unterwegs sind: Die Kirche mit ihrer Berufung und ihrer Mission sowie die ganze Menschheit, alle Völker, Zivilisationen, Kulturen – wir alle sind zusammen auf einer Reise durch die Zeiten.

Die Offenbarung hat sich in Jesus Christus erfüllt, und er, das Wort, das Fleisch geworden ist, wurde der „Tempel des Herrn": Er ist sowohl der Anführer als auch das Ziel unserer Pilgerreise, der Reise des gesamten Volkes Gottes. In seinem Licht können auch die anderen Völker sich auf den Weg zum Königreich der Gerechtigkeit und des Friedens machen.

Hören wir aufmerksam auf die Worte des Propheten Jesaja: „Dann schmieden sie Pflugscharen aus ihren Schwertern und Winzermesser aus ihren Lanzen. Man zieht nicht mehr das Schwert, Volk gegen Volk, und übt nicht mehr für den Krieg." Aber wann wird es so weit sein? Es wird ein wunderbarer Tag sein, wenn Waffen in Werkzeuge verwandelt werden! Und dieser wunderbare Tag wird kommen! Lasst uns ganz auf diese Hoffnung setzen, die Hoffnung auf Frieden. Wir können sicher sein, dann wird dieser Tag kommen!

Das Wort berührt unser Herz

Der Prophet Jesaja lebte zu einer Zeit, in der Gewalt und Krieg an der Tagesordnung waren. Das Volk Israel war von den Assyrern besiegt worden und würde später gezwungen werden, ins Exil zu gehen. Trotzdem konnte Jesaja von einer Hoffnung sprechen, die in Gottes Ruf nach Gerechtigkeit und Frieden verwurzelt war. Unsere Welt heute scheint mehr und mehr von Gewalt geprägt zu sein. Uns mag es so vorkommen, als seien wir so weit von Jesajas Vision entfernt wie noch nie. Das Internet bringt Gewalt aus den entferntesten Winkeln der Erde in unser Leben, aber wir kennen Gewalt auch aus unseren Städten, unseren Vierteln und manchmal sogar aus unseren eigenen Häusern. Dennoch hören wir auch von heldenhaften Taten, die uns Hoffnung machen. Oft sind es Einzelne, die ihr Licht in der Dunkelheit leuchten lassen, so schwach es auch sein mag.

Die Reise durch den Advent führt uns zur Feier der innigen Gegenwart Gottes im Leben von uns Menschen. Während wir auf Weihnachten warten, wird uns klar, dass Gott die ganze Zeit schon mit uns unterwegs ist. Früher reisten Menschen oft in Gruppen, um sich gegenseitig beschützen und einander helfen zu können. Oft mussten sie dabei Gegensätze überwinden und die Angst vor den unbekannten Mitreisenden beiseiteschieben, denn die Welt außerhalb ihrer Karawane war zu bedrohlich, um alleine zu reisen. Auch wir merken, dass die Welt „da draußen" immer bedrohlicher erscheint, je mehr wir versuchen, uns von Anderen abzuheben.

Das Wort wird lebendig

Die Worte Jesajas über Schwerter und Pflugscharen erinnern natürlich zuerst an Krieg, Waffen und weltweite Unruhen. Es mag uns so vorkommen, als könnten wir nichts ausrichten gegen derart erdrückende Probleme. Aber überlegen Sie mal, wie Sie jeden Tag *Worte* als Waffen benutzen.

Wie könnten Sie diese in Worte der Toleranz, des Mitgefühls und der Liebe verwandeln?

Wenn wir ein Zeichen Gottes für alle Völker sein sollen, wie können wir uns den Menschen aus anderen ethnischen Gruppen, Anhängern anderer Religionen oder Lebensstile gegenüber so verhalten, dass sie vom Wort des Lebens, das uns motiviert, angezogen werden?

Anregung zum Gebet

Bereiten wir uns vor auf Weihnachten,
und denken wir daran, dass Jesus kommt.
Ich hoffe, dass Jesus in das Herz
eines jeden von Ihnen kommt,
Sie segnet und Ihnen Kraft zum Weitermachen gibt.
Beten Sie auch für mich! Vielen Dank.

*

1. Adventswoche · Montag
Hoffnung am Horizont

Jes 2,1–5 (alternativ in Jahr A: Jes 4,2–6);
Ps 122,1–9; Mt 8,5–11

Worte von Papst Franziskus

So wie jeder Einzelne von uns im Leben immer wieder neu anfangen, immer wieder aufstehen und den Sinn des eigenen Lebens wiederentdecken muss, so ist es auch für die große Familie der Menschheit immer wieder nötig, den gemeinsamen Horizont wiederzuentdecken, auf den wir uns zubewegen: den Horizont der Hoffnung. So kann eine Reise gelingen. Die Adventszeit erneuert diesen Horizont der Hoffnung. Einer Hoffnung, die nicht enttäuscht, weil sie in Gottes Wort gegründet ist. Diese Hoffnung enttäuscht nicht, ganz einfach, weil der Herr uns niemals enttäuscht. Er ist treu! Lassen Sie uns immer daran denken und dieses Glück spüren.

Unser Vorbild für diese geistliche Haltung, diese Art des Seins und Unterwegsseins, ist die Jungfrau Maria: ein einfaches Mädchen vom Land, dessen Herz voller Hoffnung auf Gott ist. In ihrem Körper nahm Gottes Hoffnung Gestalt an, sie wurde Mensch, sie wurde Geschichte: Jesus Christus. Ihr Magnifikat ist der Lobgesang des Volkes Gottes auf seiner Reise und somit der Lobgesang aller Männer und Frauen, die auf Gott hoffen und auf die Kraft seiner Barmherzigkeit. Lassen wir uns von ihr leiten, von ihr, die Mutter ist, eine „Mamma“, und die weiß, wie wir geleitet werden müssen. Lassen wir uns von ihr durch diese Adventszeit des aktiven Wartens führen, seien wir aufmerksam und achtsam.

Das Wort berührt unser Herz

Schwangerschaft ist wahrscheinlich das beste Bild für die Adventszeit. Keine andere Lebensphase ist so sehr von aktivem Warten geprägt wie diese. Während das Volk Gottes auf eher abstrakte Weise auf den Messias wartete, erlebte Maria das Warten hautnah als ganz persönlichen Teil ihres täglichen Lebens. Sie wusste, dass sich ihr Körper veränderte, und das unvermeidliche Unwohlsein wurde erträglich durch die Hoffnung, die die Geburt für alle Menschen bringen würde. Sie wusste, dass sie nicht nur sich selbst, sondern auch ihr Zuhause auf den Neuankömmling vorbereiten musste. Ein Kind im Mutterleib steht für Hoffnung, Potenzial und Chancen. Ein Baby ist komplett von seiner Mutter abhängig, und doch hat es sein ganz eigenes Leben, unabhängig von ihrem Körper, den es neun Monate lang mit ihr teilt. Die Mutter erlebt, wie das Leben in ihr wächst, und doch weiß sie, dass irgendwann eine Trennung notwendig sein wird, damit das neue Leben sich wirklich entfalten kann.

Das Wort wird lebendig

Wie können Sie schwangere Frauen auf eine Art und Weise unterstützen, die ihnen die Angst nimmt und die Vorfreude verstärkt? Seien Sie sensibel dafür, wie verschieden werdende Mütter mit dieser Erfahrung umgehen. Seien Sie bereit, an den schlechten Tagen, die unweigerlich kommen werden, einfach zuzuhören. Oft wird praktische Hilfe sehr gern angenommen, besonders wenn schon kleine Kinder im Haus sind. Denken Sie daran, wie belastend eine Schwangerschaft für mittellose Frauen sein kann. Erkundigen Sie sich, ob es vor Ort Organisationen gibt, die sich um solche Frauen kümmern, und bringen Sie sich mit Zeit, Geld oder Sachspenden ein. Und vergessen Sie bei alldem nicht, für die werdenden Mütter und ihre ungeborenen Babys zu beten.

Gebet

Maria, Frau des Zuhörens,
öffne unsere Ohren.
Lass uns wissen, wie wir das Wort deines Sohnes Jesus herraushören können
unter den Tausenden von Worten in dieser Welt.
Lass uns der Welt um uns herum zuhören,
jedem Menschen, dem wir begegnen,
vor allem denen, die arm, bedürftig und in Not sind.

Maria, Frau der Entscheidung,
erleuchte unseren Verstand und unser Herz,
so dass wir dem Wort deines Sohnes Jesus
ohne zu zögern gehorchen.
Gib uns den Mut, Entscheidungen zu treffen
und uns nicht einfach mitschleppen
und Andere über unser Leben bestimmen zu lassen.

Maria, Frau der Tat,
lass unsere Hände und Füße Anderen eilig zur Hilfe dienen,
um ihnen die Barmherzigkeit und Liebe deines Sohnes Jesus zu bringen,
um der Welt das Licht des Evangeliums zu bringen,
so wie du es getan hast.

1. Adventswoche · Dienstag
Nur die Armen im Geist können verstehen

Jes 11,1–10; Ps 72,1+7–8+12–13+17; Lk 10,21–24

Worte von Papst Franziskus

Jesus ist das Abbild des Vaters. Er symbolisiert die Nähe und die Zärtlichkeit des Vaters uns gegenüber. In Jesus kommt uns der Vater nahe. Nur wer das Herz eines Kindes hat, wird diese Offenbarung empfangen können. Nur wer ein demütiges, sanftes Herz hat, das sich Gott im Gebet öffnet, und seine eigene Bedürftigkeit anerkennt, hat diese Fähigkeit. Mit anderen Worten: nur die, für die die erste Seligpreisung gilt: die Armen im Geist.

Viele Menschen beschäftigen sich mit Naturwissenschaften oder sogar mit Theologie. Aber wenn sie diese Theologie nicht auf ihren Knien betreiben, demütig wie Kinder, verstehen sie kein Wort. Vielleicht werden sie uns dann vieles erklären, aber sie werden kein Wort verstehen. Denn nur die Armen im Geist sind in der Lage, die Offenbarung zu empfangen, die uns der Vater durch Jesus zeigt.

Wir können diese Botschaft ohne das Wesen Jesu nicht verstehen: Er war voller Demut und hat sich selbst erniedrigt. Das Wort wurde Mensch, und dieser Mensch ließ sich an den Rand drängen, um denen Rettung zu bringen, die selbst an den Rand gedrängt wurden. Als Johannes der

Täufer im Gefängnis saß und nicht verstehen konnte, was da mit Jesus vor sich ging, weil er einfach zu perplex war, sandte er seine Jünger: „Johannes lässt dich fragen: Bist du es oder muss ich noch auf einen Anderen warten?“ Jesu Antwort war nicht: „Ich bin der Sohn“, sondern er sagte: „Ihr habt alle diese Dinge gesehen. Jetzt geht und erzählt Johannes, was ihr gesehen habt.“ Mit anderen Worten: „Aussätzige werden geheilt, den Armen wird das Evangelium verkündet und die Verlorenen werden wiedergefunden.“

Die Herrlichkeit Gottes kann man nur verstehen, wenn man das Geheimnis Jesu kennt. Dieses Geheimnis besteht darin, sich selbst zu erniedrigen, sich kleinzumachen, demütig zu werden und den Armen die Rettung zu bringen; denen, die mit Krankheit, Sünde und schwierigen Lebenssituationen zu kämpfen haben.

Das Wort berührt unser Herz

Uns stehen heute mehr Informationen zur Verfügung als jeder anderen Generation vor uns. Wenn wir einen Internetzugang haben, können wir uns mit fast jedem nur vorstellbaren Thema ausführlich beschäftigen, oft zusammen mit den Topexperten auf dem jeweiligen Gebiet. Nur wenige Klicks und wir können die Predigten vom Papst in Rom lesen – und das schon kurz nachdem sie gehalten wurden! Wir stehen in der Verantwortung, sorgsam mit den Informationen umzugehen, die wir gesammelt haben.

Es reicht nicht, einfach nur darüber zu staunen, angeregt zu sein und dann wieder zur Tagesordnung überzugehen. Alles Wissen dieser Welt reicht nicht aus, um die bestehenden Probleme zu lösen. Das können nur Mitgefühl und Tat. Zu oft führt das Ansammeln von Wissen zu Stolz und zur Abgrenzung von denen, die „unwissend“ sind. Papst Franziskus erinnert uns daran, dass die Demütigen, denen es oft am Nötigsten zum Leben fehlt, sehr viel eher wissen, dass sie Gott brauchen.

Das Wort wird lebendig

Papst Franziskus spricht davon, „Theologie auf den Knien“ zu betreiben. Hinknien ist schon lange ein Teil unserer liturgischen Tradition und es ist eine der gebräuchlichsten Gebetshaltungen. Manchmal lehnen wir diese Haltung ab, weil wir sie zu unterwürfig und schwach finden. Nehmen wir uns heute die Zeit, auf Knien zu beten. Vielleicht möchten Sie dazu den Rosenkranz beten oder den Bibeltext für den heutigen Tag lesen. Überlegen Sie im Anschluss, ob das Knien etwas an Ihrer Einstellung zum großen Geheimnis unserer Beziehung zu Gott geändert hat.

Gebet

Herr,
führe uns immer näher zu deinem Geheimnis.
Führe uns auf den Weg, auf dem du uns haben möchtest:
den Weg der Demut,
den Weg der Sanftmut,
den Weg der Armut,
den Weg der Erkenntnis, dass wir Sünder sind.
So kommst du zu uns, um uns zu retten,
um uns zu befreien.

*

1. Adventswoche · Mittwoch
Eine Kirche ohne Freude ist undenkbar

Jes 25,6–10; Ps 23,1–6; Mt 15,29–37

Worte von Papst Franziskus

Das Herz des Menschen sehnt sich nach Freude. Wir alle sehnen uns nach Freude, jede Familie, jedes Volk wünscht sich Glück. Aber was ist das für eine Freude, die wir als Christen ausleben und bezeugen sollen? Es ist die Freude, die aus der Nähe Gottes resultiert, aus seiner Gegenwart in unserem Leben. Von dem Moment an, in dem Jesus die Menschheitsgeschichte betreten hat, mit seiner Geburt in Bethlehem, hat die Menschheit den Samen des Reich Gottes empfangen, so wie die Erde die Saat empfängt. Es ist das Versprechen einer zukünftigen Ernte. Wir müssen nicht weitersuchen! Jesus ist gekommen, um den Menschen für alle Zeit Freude zu bringen. Diese Hoffnung gilt nicht erst in der Zukunft oder im Paradies, als ob wir hier auf der Erde traurig sein müssten, im Paradies dann aber voller Freude sein werden. Nein! Diese Freude ist jetzt schon echt und greifbar, weil Jesus selbst unsere Freude ist, denn mit Jesus findet die Freude ein Zuhause.

Das Wort Gottes für heute spricht von Frieden und Freude. Jesajas Prophezeiung (11,1–10) erzählt uns, wie es sein wird, wenn der Messias kommt. Es werden Tage des Friedens sein. Im Lukas-Evangelium (10,21–24) bekommen wir einen kleinen Einblick in Jesu Seele, in sein Herz. Sein Herz ist voller Freude. Wir sind nicht daran gewöhnt, uns Jesus lächelnd oder voller Freude vorzustellen. Trotzdem war Jesus von Freude erfüllt. Seine innere Freude entspringt seiner Beziehung mit dem Vater durch den Heiligen Geist. Genau das ist die Freude, die er uns schenkt, und diese Freude ist wahrer Friede. Es ist kein statischer, ruhiger, leiser Frieden: Christlicher Friede ist voller Freude, denn Jesus, ja Gott ist voller Freude.

Eine Kirche ohne Freude ist undenkbar. Die Freude der Kirche ist es, den Namen Jesu zu verkünden und auszurufen: Mein Bräutigam ist der Herr, er ist der Gott, der uns rettet und uns begleitet.

Der Frieden, von dem Jesaja spricht, ist ein Frieden voller Freude, ein Frieden voller Lobpreis, ein Frieden, der von lautem Lobpreis erfüllt ist. Es ist ein Frieden, der Früchte trägt, indem er Mutter neuer Kinder wird. Dieser Frieden resultiert aus der Freude, den dreieinigen Gott anzubeten, und aus dem Auftrag, in die Welt hinauszugehen und Menschen zu erzählen, wer Jesus ist.

Das Wort berührt unser Herz

Hat Sie schon einmal inmitten des größten Trubels, vielleicht umgeben von Familie und Freunden, plötzlich eine ganz tiefe Zufriedenheit erfüllt? Das meint Papst

Franziskus, wenn er von einem Frieden voller Freude spricht. Er ist wie die wirbelnden, fließenden Bewegungen eines Tanzes, wie die erhebenden Noten einer Symphonie. Oft denken wir, dass Frieden mit kompletter Stille einhergeht. Wenn wir ehrlich sind, stellen wir uns Frieden sogar vielleicht ein bisschen langweilig vor. Wenn wir uns das Leben Jesu in den Evangelien ansehen, merken wir, dass er fast immer in Bewegung war: laufen, predigen, lehren, heilen, essen und trinken. Selbst wenn er sich zurückzog, stellt man ihn sich in regem Austausch mit seinem Vater vor.

Das Wort wird lebendig

Achten Sie im Verlauf Ihres Tages darauf, wann Sie Freude und Zufriedenheit empfinden. Wenn Sie gestresst und von Chaos umgeben sind, atmen Sie tief durch und richten Sie sich wieder auf Jesus aus. Machen Sie sich wieder bewusst, dass er der Grund für alle Betriebsamkeit in dieser Jahreszeit ist.

Anregung zum Gebet

Jesaja spricht von einem Frieden voller Freude,
einem Frieden der Anbetung,
einem Frieden, der Früchte trägt.
Beten wir, dass der Herr uns allen
diesen Frieden, diese Freude gibt.

1. Adventswoche · Donnerstag
Wir brauchen keinen Schirm

Jes 26,1–6; Ps 118,1+8–9+19–21+25–27a; Mt 7,21+24–27

Worte von Papst Franziskus

Manche Menschen sind nur dem Anschein nach Christen: Im entscheidenden Moment wird klar, dass bei ihnen alles nur Fassade war. Wir alle wissen, was passiert, wenn eine Frau in vollem Make-up plötzlich ohne Schirm im Regen steht: Alles verläuft! Der ganze schöne Schein ist dahin. Dieses Make-up ist eine Versuchung.

Im Volk Gottes gibt es jedoch auch viele Helden. Sie wurden nicht unbedingt offiziell heiliggesprochen, aber sie sind trotzdem Heilige. Es gibt so viele Männer und Frauen, die ihr Leben christusgemäß gelebt, die Gebote gehalten und die Liebe Jesu praktiziert haben.

Denken wir an die Geringsten unter ihnen: die Kranken, die ihr Leid für die Kirche tragen, für Andere. Denken wir an die vielen älteren einsamen Menschen, die für andere beten und viel abgeben. Denken wir an die vielen Mütter und Väter, die hart für ihre Familien arbeiten, für die Bildung ihrer Kinder; die die alltäglichen Probleme überstehen, immer mit der Hoffnung auf Jesus. Sie brüsten sich nicht mit ihren Leistungen, sondern geben einfach ihr Bestes. Oder denken wir an die vielen Priester, die mit so viel Liebe in ihren Pfarrgemeinden arbeiten: Religionsunterricht für Kinder, Pflege und Betreuung für Alte und Kranke, Ehe-Seminare für Frischverheiratete … Jeden Tag machen sie das Gleiche. Sie werden nicht müde, denn der Fels ist ihre Basis.

Jesus: Er ist es, der der Kirche Heiligkeit gibt. Er gibt ihr Hoffnung. Wir müssen uns gut kümmern um die versteckte Heiligkeit, die der Kirche eigen ist.

Das Wort berührt unser Herz

In den Evangelien findet sich die Geschichte von dem Mann, der sein Haus auf Sand gebaut hat statt auf festen Boden. Jeder, der sich mit Bibelversen für den Advent beschäftigt, kennt diese Geschichte gut. Prediger nehmen oft Bezug auf Häuser, die durch Planungsfehler einsturzgefährdet sind, oder auf Stürme und Naturkatastrophen, von denen wir in den Nachrichten hören. Es kann passieren, dass wir diese Geschichte mit einer gewissen Selbstgefälligkeit hören, weil wir wissen, dass wir solche Fehler wahrscheinlich nicht machen werden.

Papst Franziskus bringt noch ein weiteres Bild ein: das von einer Frau, deren Make-up vom Regen verwaschen wird. Dabei kommen uns vor allem die Menschen in den Sinn, die sich mehr Gedanken um ihre Kleidung und ihr Erscheinungsbild machen als um die Menschen um sie herum – die elegant gekleidete Person, die an einem

Obdachlosen auf dem Bürgersteig vorbeihuscht und dann ein teures Restaurant betritt; der Geschäftsmann, der nicht möchte, dass die Armen in seinen Räumlichkeiten auf den Bus warten. Der Papst erinnert seine Zuhörer daran, dass man vor Gott nicht bestehen kann, wenn man sich auf Äußerlichkeiten verlässt. Man könnte sagen, es geht um den Unterschied zwischen dem Gut-Sein und dem (einfach nur) Gut-Aussehen. Es ist ein Ruf zu Ehrlichkeit und Integrität. Wir sollten in jeder Situation die Person sein, die wir eben sind, und uns nicht hinter einer Maske verstecken.

Das Wort wird lebendig

Papst Franziskus gibt verschiedene Beispiele für Menschen, die still und freudig ihre christliche Berufung leben. Vielleicht kennen wir aus unserem eigenen Umfeld Menschen, die ein Vorbild darin sind, sich auf Jesus als den Fels zu verlassen. Welche besonderen Eigenschaften haben diese Menschen? Wie können Sie sich diese Eigenschaften aneignen? Wenn Sie befürchten, dass Ihr Glaube einem Sturm nicht standhalten würde, was könnten Sie tun, um ihn zu stärken?

Anregung zum Gebet

In dieser Adventszeit
lasst uns den Herrn bitten,
dass wir fest stehen
auf dem Fels, der er ist:
Er ist unsere Hoffnung.
Es ist wahr: Wir alle sind Sünder, wir alle sind schwach.
Aber wenn wir unsere Hoffnung auf ihn setzen,
schaffen wir es.
Das ist die christliche Freude, zu wissen: In ihm
gibt es Hoffnung,
gibt es Vergebung
gibt es Frieden,
gibt es Freude.

1. Adventswoche · Freitag
Lästiges Geschrei

Jes 29,17–24; Ps 27,1+4+13–14; Mt 9,27–31

Worte von Papst Franziskus

Manchmal gehört zum Beten lautes Geschrei. Jesus selbst hat seine Jünger gelehrt, so zu beten wie der lästige Freund, der um Mitternacht kommt und um Brot und ein bisschen Pasta für seine Gäste bittet. Oder wie die Witwe vor dem korrupten Richter. Mit anderen Worten: so, dass man ein bisschen lästig ist. Das klingt eher unschön, aber Beten bedeutet auch, Gott ein bisschen auf die Nerven zu gehen, damit er uns zuhört. Beten bedeutet, Gottes Aufmerksamkeit, seine Augen und sein Herz, auf uns zu ziehen.

So lehrt Jesus uns zu beten. Normalerweise bringen wir unsere Anliegen zwei oder drei Male vor den Herrn, allerdings ohne viel Nachdruck. Dann haben wir keine Lust mehr zu bitten und vergessen es irgendwann einfach. Doch die blinden Männer, die Matthäus beschreibt, rufen laut und ohne Pause. Jesus sagt zu uns: „Bittet!" Und er sagt auch: „Klopft an die Tür!" Wer an eine Tür klopft, macht Lärm, er stört, er nervt vielleicht sogar.

Wenn wir um etwas bitten, sind wir bedürftig: „Ich brauche dieses oder jenes, bitte erhöre mich, Herr!" Wenn das Gebet wahrhaftig ist, dann ist es auch zuversichtlich: „Hör mir zu, ich glaube, dass du das tun kannst, denn du hast es versprochen!" Wahres christliches Gebet ist in Gottes Verheißungen gegründet.

Wenn wir beten, dann fragt uns der Herr, genau wie er die blinden Männer gefragt hat: „Glaubst du, dass ich das tun kann?" Das ist die Grundfrage, die wir uns alle stellen müssen: „Bin ich sicher, dass er es tun kann? Oder bete ich einfach ein bisschen, ohne sicher zu sein, dass er es wirklich kann?" Er kann es tun, auch wenn wir nicht wissen, wann oder wie er es tun wird. Das ist die Zuversicht des Gebets.

Das Wort berührt unser Herz

Manchmal sehen wir Bittgebet oder Fürbittengebet als weniger wertvolle Formen des Gebets an. Das liegt zum Teil daran, dass wir Unabhängigkeit und Selbstständigkeit besonders schätzen. Wir möchten nicht um Hilfe bitten. Oder wir denken, dass es ein Zeichen von Unreife oder sogar kindisch sei, um das zu bitten, was wir brauchen. Autoren geistlicher Bücher ermutigen uns dazu, Dank- oder Lobgebete zu sprechen, als seien diese hochwertigere Formen des Gebets.

Aber jeder, der großen Schmerz, eine Sucht, den Verlust eines geliebten Menschen oder eine andere Art der Prüfung durchleben musste, weiß, dass man dann oft nur noch die Kraft für ein Bittgebet hat. Unsere Hilflosigkeit ist in diesen Momenten so erdrückend, dass wir keine andere Wahl haben. Papst Franziskus erinnert uns daran, dass es in Ordnung ist, zu bitten und sich Gott aus einer Position der Bedürftigkeit heraus zu nähern.

Das Wort wird lebendig

Haben Sie schon einmal übersehen, dass ein Freund oder jemand aus Ihrer Familie gerade schwere Zeiten durchmacht? Überlegen Sie, ob etwas an Ihrer Haltung es dieser Person schwer gemacht hat, Sie um Hilfe zu bitten. Dann fragen Sie sich, wie wahrscheinlich es gewesen wäre, dass Sie zu dieser Person sagen: „Lass mich in Ruhe mit deinen Problemen. Ich habe genug eigene Sorgen." Die Meisten von uns nehmen sich zu wenig Zeit für Menschen in schwierigen Situationen.

Nehmen Sie sich heute Zeit, für Ihre Freunde und Ihre Familie und deren Nöte zu beten. Hören Sie darauf, ob der Heilige Geist Sie dazu auffordert, Hilfe zu leisten. Wenn Sie selber eine harte Zeit durchmachen, bitten Sie Gott um etwas, das Sie wirklich brauchen, voller Vertrauen darauf, dass er Sie erhören wird. Scheuen Sie sich nicht, Lärm zu machen, um Gottes Aufmerksamkeit zu bekommen. Und lehnen Sie die Hilfe derer nicht ab, die Ihr Gebet vielleicht mitbekommen.

Anregung zum Gebet

Wir bringen unsere Anliegen voller Vertrauen
vor den Herrn:
Ich bin blind, Herr,
ich bin bedürftig,
ich erlebe einen Mangel,
ich kämpfe mit dieser Sünde,
ich habe Schmerzen.

Auf diese Weise hört er, was uns fehlt,
aber er hört auch, dass wir ihn voller Vertrauen
um Hilfe bitten.

1. Adventswoche · Samstag
Der Herr lässt unsere Hoffnung aufblühen

Jes 30,19–21+23–26; Ps 147,1–6; Mt 9,35–10,1+6–8

Worte von Papst Franziskus

Wenn der Herr sich uns naht, gibt er uns Hoffnung. Er kann alle Dinge umgestalten und füllt sie mit Hoffnung. Immer öffnet er uns eine Tür. Für Christen ist diese Hoffnung eine wahre Stärke, eine Gnade, ein Geschenk. Wenn ein Christ seine Hoffnung verliert, hat sein Leben keinen Sinn mehr. Es ist, als stünde er vor einer Mauer, erfüllt von einem großen Nichts. Aber der Herr tröstet uns und gibt uns neue Hoffnung.

Jedem von uns ist er auf ganz besondere Weise nah. „Wie ein Hirt führt er seine Herde zur Weide, er sammelt sie mit starker Hand. Die Lämmer trägt er auf dem Arm, die Mutterschafe führt er behutsam." (Jesaja 40, 11) Dieses Bild ist voller Sanftheit. Und mit Sanftheit tröstet uns auch der Herr. Der Herr, der große Gott, hat keine Angst davor. Er wird selbst zur Sanftheit, wird ein Baby, er macht sich klein. Jeder Einzelne von uns ist dem Herrn sehr, sehr wichtig.

Das Wort berührt unser Herz

Das Bild von Jesus als dem Guten Hirten ist den meisten Christen geläufig. Für Stadtbewohner mag es etwas schwieriger sein, sich mit diesem Bild zu identifizieren, als für diejenigen, für die Schafe und Schäfer zum Lebensumfeld gehören. Aber es bringt in uns allen etwas in puncto Fürsorge und Schutz zum Klingen. Wir können uns vorstellen, wie es sein muss, von der Herde getrennt zu werden, einsam und frierend, getrennt von allem, was uns vertraut ist.

Depressionen sind besonders in dieser Jahreszeit ein Problem. Es kann enormen Druck auslösen, sich auf all die Feierlichkeiten in der Weihnachtszeit einlassen zu müssen, wenn es einem nicht gut geht. Viele fühlen sich dann so, als würden sie die hell erleuchteten Szenen voller Freude und Feierlichkeit nur von außen betrachten. Dieser Kontrast führt dazu, dass sie sich noch schlechter fühlen. Viele finden sich wieder in dem Bild, das der Papst beschrieben hat: „Sie stehen vor einer Mauer, erfüllt von einem großen Nichts."

Manche von uns haben schon einmal erlebt, dass Gott wie ein Hirte für uns sorgt. Meist verbinden wir eine solche Erfahrung mit den Menschen aus Fleisch und Blut, die in unserem Leben präsent sind. Gott berührt Andere durch uns, genauso wie er Andere gebraucht, um uns zu berühren.

Das Wort wird lebendig

Wer oder was kann Ihnen in schweren Zeiten Hoffnung geben? Was können Sie tun, um Freunden oder Familienmitgliedern in schweren Zeiten zu helfen? Manchmal reicht eine einfache Geste, um das Eis zu brechen: eine Karte, eine Pflanze, ein Blumenstrauß. Lassen Sie Menschen wissen, dass Sie für sie da sind, wenn sie jemanden zum Reden oder gemeinsamen Schweigen brauchen.

Wenn es Ihnen selbst nicht gut geht, dann holen Sie sich Hilfe! Vertrauen Sie auf die Nähe eines Menschen, auch wenn sich etwas in Ihnen dagegen sträubt.

Anregung zum Gebet

Wir müssen den Herrn um die Gnade dafür bitten,
keine Angst vor seinem Trost zu haben,
keine Angst zu haben, offen zu sein,
darum zu bitten,
danach zu suchen,
denn es ist ein Trost, der uns Hoffnung gibt
und uns die Sanftmut von Gott, dem Vater, spüren lässt.

2. Adventssonntag
Trost und Freude

Jahr A: Jes 11,1–10; Ps 72,1–2+7–8+12–13+17; Röm 15,4–9; Mt 2,1–2
Jahr B: Jes 40,1–5+9–11; Ps 85,9–14; 2 Petr 3,8–14; Mk 1,1–8
Jahr C: Bar 5,1–9; Ps 126,1–6; Phil 1,4–6+8–11; Lk 3,1–6

Worte von Papst Franziskus

Es ist so wichtig, dass wir in der heutigen Zeit Zeugen der Barmherzigkeit und Nähe Gottes sind. Er haucht den Traurigen wieder Leben ein und gibt den Niedergeschlagenen neue Hoffnung. Er selbst entfacht das Feuer der Hoffnung, nicht wir. Es gibt so viele Situationen, in denen wir Anderen Trost durch unser Zeugnis geben und fröhlich und tröstend sein können. Ich denke an die, die von Leid, Ungerechtigkeit und Tyrannei gebeugt werden; an die, die Sklaven von Geld, Macht, Erfolg und Weltlichkeit sind. Die armen Menschen: Sie haben sich selbst Trost geschaffen, aber nicht den wahren Trost des Herrn! Wir sind alle aufgerufen, unsere Brüder und Schwestern zu trösten, zu bezeugen, dass nur Gott die Ursachen existenziellen und geistlichen Elends beseitigen kann. Er kann es tun! Er hat die Macht!

Jesajas Botschaft, die an diesem zweiten Adventssonntag widerhallt, ist wie Balsam für unsere Wunden und eine Aufforderung, hingebungsvoll den Weg des Herrn zu bereiten. Tatsächlich spricht der Prophet auch heute noch zu unseren Herzen, um uns zu sagen, dass Gott über unsere Sünden hinwegsieht und uns tröstet. Wenn wir uns ihm voller Demut und Reue anvertrauen, wird er die Mauern des Bösen einreißen, er wird all unseren Mangel ausfüllen, er wird die Unebenheiten der Arroganz und der Eitelkeit glätten, und er wird den Weg frei machen, damit wir ihm begegnen können.

Es ist seltsam, aber oft haben wir Angst vor Trost, Angst davor, getröstet zu werden. Anscheinend fühlen wir uns sicherer in Sorge und Verzweiflung. Warum ist das so? Weil wir uns in Sorgen eher als Handelnde fühlen. Aber wenn wir getröstet werden, ist es der Heilige Geist, der handelt. Er ist es, der uns tröstet, der uns den Mut gibt, aus uns herauszugehen. Er ist es, der die Tür zum Ursprung des wahren Trostes öffnet, die Tür zum Vater. Das ist Umkehr.

Das Wort berührt unser Herz

Die Propheten und Jesus rufen uns immer wieder zur Umkehr auf, aber sie tun das sanft. Papst Franziskus hat sich selbst immer wieder als Mann gezeigt, der das Leid in der Welt sehr aufmerksam wahrnimmt. Er ist dafür bekannt, sich Menschen zuzuwenden, indem er sie anruft, um ihnen Trost und Hoffnung zu spenden.

Wie alle Propheten sieht er, wie oberflächlich Trost und Erfolg sind, den die Welt Menschen bietet, die vielleicht auf eine Art und Weise leiden, die wir nicht immer sehen können. Es ist leicht, sich den Armen zuzuwenden, den Elenden, den Bedürftigen, und ihnen in dieser Zeit greifbare Hilfe anzubieten – Essen, Kleidung, Spielzeug für Kinder. Das ist das Mindeste, was wir tun können, und diese Bemühungen werden uns immer mit einer besonderen Freude erfüllen. Aber es ist eine große Herausforderung, die geistlichen Bedürfnisse der Menschen um uns herum zu erkennen, die scheinbar alles haben, für die es kein Problem ist, ihre Rechnungen zu bezahlen oder Geschenke für ihre Kinder zu kaufen oder Essen auf den Tisch zu bringen. Wir tappen immer wieder in die Falle, den Werbefilmchen zu glauben, die uns suggerieren, dass alles, was wir zu unserem Glück brauchen, ein neues Auto oder ein Diamantring ist.

Das Wort wird lebendig

Nehmen Sie sich Zeit für die Bibeltexte dieser Adventszeit. Achten Sie darauf, welche Verse Sie zur Umkehr aufrufen und welche Worte Trost und Hoffnung geben. Nehmen Sie an den Veranstaltungen in Ihrer Pfarrgemeinde teil – Lesungen und Adventssingen, Vespern, Versöhnungsgottesdienste. Laden Sie Freunde mit dazu ein. Seien Sie offen dafür, was Ihre Pfarrgemeinde Ihnen zu bieten hat und was Sie ihr bieten können.

Anregung zum Gebet

Meine dringende Bitte ist: Lassen wir uns
von unserem Herrn trösten!
Lasst euch von unserem Herrn trösten!
Und vergesst nicht, für mich zu beten.
Möge der Herr euch segnen.

2. Adventswoche · Montag
Gottes liebevoller Plan

Jes 35,1–10; Ps 85,9–14; Lk 5,17–26

Worte von Papst Franziskus

Voller Anmut. So sah Gott sie vom ersten Moment an seines liebevollen Plans. Er befand sie als wunderschön, voll der Gnade. Unsere Mutter ist wunderschön! Maria unterstützt uns auf unserer Reise hin zu Weihnachten, denn sie zeigt uns, wie wir diese Zeit der Erwartung leben sollen. Die Adventszeit ist eine Zeit des Wartens auf den Herrn, der uns alle zum Fest besucht, jeden Einzelnen von uns aber auch ganz persönlich anspricht. Der Herr ist unterwegs! Lasst uns auf ihn warten.

Das Lukas-Evangelium stellt uns Maria vor, ein Mädchen aus Nazareth, einem kleinen Ort in Galiläa, am Rande des Römischen Reiches und ebenso am Rande Israels. Und obwohl sie nur diesem kleinen, fernen Dorf entstammte, hatte der Herr sie im Blick. Dieses Mädchen hatte er dazu auserwählt, die Mutter seines Sohnes zu werden.

Wegen dieser Mutterschaft war Maria von der Erbsünde befreit, von dieser Trennung von Gott, von Anderen und von der Schöpfung, die jeden Menschen so tief betrifft. Dieser Makel wurde vorab von ihr genommen. Sie ist die Mutter dessen, der gekommen ist, um uns von der Qual der Sünde zu befreien.

Unsere Liebe Frau hat sich von dieser Liebe niemals distanziert: Ihr ganzes Leben lang war ihr ganzes Wesen ein Ja zu dieser Liebe, ein Ja zu Gott. Trotzdem machte das für sie das Leben nicht gerade leichter. Das Geheimnis dieses Mädchens aus Nazareth, das einen so bedeutenden Platz im Herzen Gottes hat, ist uns nicht fremd. Es ist nicht so, dass sie da drüben ist und wir hier sind. Nein, wir sind miteinander verbunden. Tatsächlich sieht Gott jeden Mann und jede Frau voller Liebe an! Er kennt uns beim Vor- und beim Nachnamen. Sein liebevoller Blick ruht auf jedem von uns.

Es ist so wichtig, dass wir unsere wahre Bestimmung, unsere tiefste Berufung entdecken: geliebt zu sein, von Liebe verändert zu werden, von der Schönheit Gottes verwandelt zu werden. Schauen wir auf die Mutter Gottes, und erlauben wir ihr, uns zu betrachten, denn sie ist unsere Mutter und liebt uns so sehr. Erlauben wir ihr, auf uns Acht zu geben, damit wir lernen, demütiger zu sein, und auch mutiger, um dem Wort Gottes zu folgen. So können wir die zarte Umarmung ihres Sohnes Jesus empfangen, eine Umarmung, die uns Leben, Hoffnung und Frieden gibt.

Das Wort berührt unser Herz

Das Fest der Unbefleckten Empfängnis, der 8. Dezember, ist eines der zentralen Feste der Adventszeit. Papst Franziskus zeigt, dass es hier – wie bei allen Marienfesten – um uns geht und um unseren Ruf zur Heiligkeit, ebenso wie um etwas Besonderes im Leben Marias. Während sie frei von der Erbsünde geboren wurde, werden wir durch das Sakrament der Taufe reingewaschen. Mit Maria können wir „Ja" zu Gottes Plan für unser Leben sagen. Auf unsere Art bringen wir Jesus zum Leben für die Menschen um uns herum, wenn wir bereit sind, ein Teil von Gottes Plan zu werden.

Das Wort wird lebendig

Wenn Sie sich Ihr Leben bis zu diesem Zeitpunkt ansehen, wo sehen Sie Zeiten und Orte, an denen Gottes Hand Sie sanft in eine neue Richtung geführt (oder geschubst) hat? Wie hat sich dies auf die Menschen in Ihrem Umfeld ausgewirkt?

Gebet

Unsere Mutter Maria,
in dieser Zeit, die zur Feier der Geburt Jesu führt,
lehre uns, gegen den Strom zu schwimmen:
Lehre uns, uns selbst zu entäußern,
demütig zu sein und freigiebig,
zuzuhören und zu schweigen,
aus uns selbst herauszugehen,
der Schönheit Gottes Raum zu geben,
der Quelle wahrer Freude.
Bitte für uns, Unsere Unbefleckte Mutter!

2. Adventswoche · Dienstag
Hinausgehen und Leben schenken

Jes 40,1–11; Ps 96,1–3+10–13; Mt 18,12–14

Worte von Papst Franziskus

Die Freude der Kirche besteht darin, hinauszugehen und die Schafe zu suchen, die verloren gegangen sind, und so die Sanftmut des Hirten zu bezeugen, der sich aufmacht und nach dem verlorenen Schaf sucht. Trotzdem kann dieser eifrige Schäfer ebenso genau zählen wie ein guter Geschäftsmann. Er verliert eins von 99 Schafen, aber seine Bilanz zeigt, dass er immer noch im Plus ist. Doch er hat das Herz eines Hirten, also geht er los und sucht. Als er das eine Schaf findet, feiert er und ist voller Freude.

Die Freude darüber, sich auf die Suche nach verlorenen Brüdern und Schwestern zu machen, ist ganz ähnlich. Das ist die Freude der Kirche. Genau so wird die Kirche zur Mutter, wird fruchtbar. Wenn die Kirche dies nicht tut, steht sie still. Dann dreht sie sich nur um sich selbst, auch wenn sie vielleicht sehr gut organisiert ist.

Als Folge wird sie eine mutlose, ängstliche, traurige Kirche. Sie wird eine Kirche, die eher einer alten Jungfer gleicht als einer Mutter, und eine solche Kirche ist unbrauchbar. Dann gleicht sie einem Museum. Leider sind wir voller Misstrauen, wir fühlen uns wohl mit dem

Ist-Zustand und mit unseren Mängeln, in unseren Sünden. Wen dann der Trost des Herrn erreicht, der fühlt sich eher gestört. Aber Gott ist es, der befiehlt, nicht wir.

Gottes Großzügigkeit ist unermesslich. Wir können 100 Mal sündigen und 200 Mal seine Freude erleben: So ist Gottes Barmherzigkeit, die uns tröstet. Wir tendieren dazu, sie abzulehnen: „Das ist doch viel zu viel, Herr!“ So oft geben wir uns mit einem eher schwachen Trost zufrieden, auch wenn wir wissen, dass er nicht von Dauer sein kann. Vielleicht hilft er sogar ein wenig, aber er nützt nicht wirklich langfristig. Tatsächlich ist nur das nützlich für uns, was vom Herrn kommt, mit seiner Vergebung und unserer Demut. Wenn das Herz sich selbst erniedrigt, werden wir getröstet und von seiner Freude, seinem Frieden ergriffen.

Das Wort berührt unser Herz

Im heutigen Bibeltext sagt Gott zum Propheten Jesaja: „Tröste mein Volk.“ Und Jesus erzählt von einem Hirten, der seine Herde verlässt, um ein verloren gegangenes Schaf zu suchen, allein und der Gefahr durch Wölfe ausgesetzt. Diese Bibelstelle ist Papst Franziskus so wichtig, dass er ein Brustkreuz mit einer Abbildung des Guten Hirten trägt.

Denen Trost zu spenden, die der Kirche verloren gegangen sind, ist einer der Kernpunkte seines Pontifikats.

Wieder und wieder sagt er uns, dass wir aus den Mauern unserer Kirchen herausgehen sollen in die Welt, wo Menschen in Angst und Misstrauen verloren sind. Wir sollten die Menschen dort abholen, wo sie sind, und ihnen die Botschaft von Jesus und die Freude des Evangeliums bringen, ohne darauf zu bestehen, dass sie erst perfekt sein müssen, bevor sie geliebt werden können.

Das Wort wird lebendig

Wann haben Sie sich mit einem „schwachen Trost" zufriedengegeben, statt dem Trost zu vertrauen, den der Herr uns anbietet? Wie werden Sie es an diesem Weihnachtsfest handhaben? Wann sind Sie lieber bei Ihrer eigenen Gruppe, in Ihren eigenen vier Wänden geblieben, weit weg von allen, die anders sind als Sie? Was können Sie tun, um diese Grenzen zu überwinden und Andere in einer offeneren Kirche willkommen zu heißen?

Gebet

Herr,
schenke uns die Gnade,
Christen zu sein, die voller Freude sind
über die Fruchtbarkeit der Kirche.
Bewahre uns davor,
traurige, ungeduldige, misstrauische,
ängstliche Christen zu werden,
die in der Kirche zwar alles perfekt machen,
aber keine Frucht bringen.
Tröste uns mit dem Trost
der Mutter Kirche, die aus sich selbst herausgeht,
und mit dem Trost der Sanftmut Jesu,
seiner Barmherzigkeit in der Vergebung
unserer Sünden.

2. Adventswoche · Mittwoch
Alles ist Gnade

Jes 40,25–31; Ps 103,1–4+8+10; Mt 11,28–30

Worte von Papst Franziskus

Die Haltung von Maria aus Nazareth zeigt uns, dass das Sein vor dem Tun kommt und dass man das Tun Gott überlassen sollte, um so zu sein, wie er uns haben möchte. Er ist es, der so viele Wunder an uns tut. Maria ist empfänglich, aber nicht passiv. Denn auf einer physischen Ebene empfängt sie die Kraft des Heiligen Geistes und gibt ihr Fleisch und Blut, damit der Sohn Gottes in ihr Gestalt annehmen kann.

Im Gegenzug zu dieser Liebe, dieser Barmherzigkeit, dieser göttliche Gnade, die in unsere Herzen gegossen wird, gibt es nur eins, das wir tun sollen: freimütig geben. Niemand kann sich die Erlösung kaufen! Erlösung ist ein Geschenk des Herrn, das zu uns kommt und in uns wohnt. So wie wir frei empfangen haben, sollen auch wir freimütig geben (vgl. Matthäus 10,8). Darin sollen wir Maria nacheifern, die, gleich nachdem sie von dem Engel die Frohe Botschaft gehört hatte, die Nachricht ihrer Fruchtbarkeit mit ihrer Verwandten Elisabeth teilte. Denn wenn uns alles geschenkt wurde, dann muss auch alles weitergegeben werden.

Wie? Indem wir dem Heiligen Geist erlauben, uns zu einem Geschenk für Andere zu machen. Der Geist ist ein Geschenk an uns, und wir müssen durch die Kraft des Geistes ein Geschenk für Andere sein und dem Heiligen Geist erlauben, uns zu Instrumenten der Annahme, der Versöhnung, der Vergebung zu machen. Wenn wir es zulassen, dass unser Leben von der Gnade des Herrn verwandelt wird – denn die Gnade des Herrn verändert uns –, werden wir das Licht, das von ihm her auf uns scheint, nicht länger für uns behalten können, sondern wir werden es weitergeben, um Andere zu erleuchten.

Das Wort berührt unser Herz

Papst Franziskus sieht Maria als Vorbild für alle Christen und als Leitfigur für die Kirche an sich. In der Geschichte, in der Maria zu ihrer Cousine Elisabeth geht, die auch schwanger ist, sehen wir, wie sie die unglaubliche Offenbarung, die ihr gerade zuteilwurde, beiseiteschiebt, um einem anderen Menschen Trost und Hilfe zu geben. Unsere Kirche hat sich zuweilen sehr um sich selbst gedreht und darauf gewartet, dass Menschen zu ihr kommen, und diese Menschen dann manchmal sogar noch verurteilt. Das sollte uns nicht überraschen, denn die Kirche besteht aus Menschen mit Schwächen und Fehlern.

Maria und Jesus zeigen uns immer wieder, dass es möglich ist, über sich selbst hinauszuwachsen und Andere mit der göttlichen Gnade zu behandeln, die sie so dringend brauchen. Manchmal ist das, was wir an unseren Institutionen nicht mögen, etwas, das wir an uns selbst nicht mögen. Wenn jeder Einzelne von uns geistlich wächst, werden auch unsere Gemeinden offener und liebevoller werden.

Das Wort wird lebendig

Denken Sie an eine Situation, in der Sie Ihre eigenen Bedürfnisse zurückgestellt und sich stattdessen um einen Menschen gekümmert haben, der Hilfe brauchte. Wie haben Sie sich danach gefühlt? Wie hat sich das auf Ihre eigenen Schwierigkeiten ausgewirkt? Womit haben Sie gerade zu kämpfen? Was könnte passieren, wenn Sie Ihre Probleme beiseiteschieben und einem anderen Menschen Ihre Hilfe anbieten?

Gebet

Mutter der Stille, die über das Geheimnis Gottes wacht,
beschütze uns vor dem Götzendienst dieser Zeit,
zu dem die, die vergessen, verdammt sind.
Reinige die Augen der Pastoren durch heilsame Erinnerung:
Führe uns zurück zur Frische des Anfangs
für eine betende, reumütige Kirche.

Mutter der Schönheit, die der Treue zum Alltag entspringt,
hole uns heraus aus der Erstarrung der Faulheit, der
Kleinlichkeit und der Hoffnungslosigkeit.
Kleide Pastoren mit einem Mitgefühl, das Einigkeit schafft,
das uns ganz macht.
Lass uns die Freude einer demütigen, brüderlichen,
dienenden Kirche entdecken.

Mutter der Sanftmut, die uns mit Geduld und
Barmherzigkeit umhüllt,
hilf uns, Traurigkeit, Ungeduld und Unnachgiebigkeit derer
zu verbannen, die nicht wissen, was es heißt, irgendwo
dazuzugehören.
Bitte für uns bei deinem Sohn, dass unsere Hände, unsere
Füße und unsere Herzen bereit sind:
Lass uns die Kirche bauen mit der Wahrheit der Liebe.
Mutter, wir sind das Volk Gottes, Pilger unterwegs in das
Reich Gottes.

2. Adventswoche · Donnerstag
Gottes Wiegenlied

Jes 41,13–20; Ps 145,1+9–13; Mt 11,11–15

Worte von Papst Franziskus

Gottes Nähe ist so groß, dass Gott hier mit einer Mutter verglichen wird, die mit ihrem Kind spricht. Diese Mutter singt ihrem Kind sanft ein Wiegenlied und verstellt dabei ihre Stimme, um selbst ein bisschen kindlich zu klingen, auch wenn das von außen betrachtet albern wirken kann. Gott macht das auch. Er ist uns in seiner Sanftheit so nah wie eine Mutter ihrem Kind.

Das ist die Gnade Gottes. Wenn wir von Gnade sprechen, sprechen wir von seiner Nähe. Wenn jemand sagt: „Ich habe den Herrn gespürt", „Ich bin dem Herrn nah" oder „Ich habe dem Herrn erlaubt, mich zu sich zu ziehen", dann war das Gnade! Doch leider wollen wir diesen Zustand oft kontrollieren, um ganz sicher zu sein. Wir unterliegen oft der Versuchung, uns diese Gnade zu unterwerfen, das heißt, diese Gnade, die die Sanftheit und die Nähe Gottes ist, in etwas zu verwandeln, über das wir selbst bestimmen können. Wir wollen sie kontrollieren. Wenn wir von Gnade sprechen, sind wir versucht zu sagen: „Ich habe ein reines Herz, ich bin voller Gnade!" Diese wunderbare Wahrheit der Nähe Gottes verkommt zu geistlicher Buchführung: „Ich mache das, damit ich dann 300 Tage voller Gnade bekomme …“ Dieses Denken reduziert Gnade zu einem Bedarfsartikel.

Wenn wir in unserer Beziehung zu unserem Herrn nicht das Gefühl haben, dass er uns voller Sanftheit liebt, dann verpassen wir etwas, dann haben wir noch nicht verstanden, was Gnade ist, dann haben wir seine Gnade noch nicht empfangen. Wir sind gerechtfertigt, weil Gott sich uns genaht hat, weil Gott uns berührt, weil Gott voller Zärtlichkeit wundervolle Dinge zu uns sagt: Das ist unsere Gerechtigkeit, die Nähe Gottes, seine Sanftheit, seine Liebe. Unser Gott ist so gut, dass er das Risiko auf sich nimmt, auf uns völlig verrückt zu wirken. Wenn Sie heute ein bisschen Zeit haben, nehmen Sie doch einmal die Bibel zur Hand: Jesaja 41,13–20. Lesen Sie diese Stelle, um tiefer in die Erfahrung der Sanftheit Gottes einzutauchen. Gott, der jedem von uns ein Schlaflied singt wie eine Mutter ihrem Kind.

Das Wort berührt unser Herz

Manchmal bemühen wir uns in den Weihnachtsvorbereitungen zu sehr darum, die Geschenke für alle gleich und fair zu verteilen. Es passiert auch schnell, dass wir die Geschenke, die wir bekommen haben, ganz penibel gegen das aufwiegen, was wir verschenkt haben. Das Bild von Gott, der uns ein Schlaflied singt, erinnert uns daran, dass wir uns an den stressigen Feiertagen oft wie Kleinkinder benehmen. Wir verlieren aus den Augen, was wir alles schon bekommen haben. Papst Franziskus erinnert uns daran, dass Gott uns selbst in solchen Zeiten versteht, dass Gott uns tröstet und beruhigt, uns dann aber auch wieder auf die Füße stellt und uns neue Wege zeigt, unser Leben in Liebe und Verantwortung zu führen.

Das Wort wird lebendig

Achten Sie darauf, in diesem Jahr nicht mit dieser Buchhaltermentalität an die Geschenkefrage heranzugehen. Geben Sie großzügig im Geiste von Gottes Gnade, die gratis für uns ist. Lassen Sie sich von Gottes Wiegenlied trösten, und erlauben Sie ihm, die Ängste zu vertreiben, die Sie davon abhalten, ein Leben in seiner Gnade zu leben.

Anregung zum Gebet

Wenn wir den Mut hätten, unser Herz zu öffnen
für die Zartheit Gottes,
wie viel geistliche Freiheit hätten wir dann!

2. Adventswoche · Freitag
Ohne Angst vor der Freiheit

Jes 48,17–19; Ps 1,1–6; Mt 11,16–19

Worte von Papst Franziskus

Jesus spricht fast immer liebevoll von Kindern, er bezeichnet sie als Vorbilder für das Leben eines Christen, und er lädt uns ein, wie sie zu sein, um in das Königreich Gottes kommen zu können. Der heutige Bibeltext ist die einzige Textstelle, in der das anders ist. Die Kinder sind ungezogen, unzufrieden, und immer wieder störrisch: Nie kann man es ihnen recht machen. Jesus benutzt dieses Bild, um die Führer des Volkes zu beschreiben, die nicht offen waren für das Wort Gottes.

Es war nicht die Botschaft, die sie ablehnten, sondern der Bote: Als Johannes auf der Bildfläche erschien, aß und trank er nicht und über Jesus sagten sie: „Er frisst und säuft, und seine Freunde sind die Zolleinnehmer und anderes Gesindel!“ Denken wir nur an die Menschen zu der Zeit, die es vorzogen, in eine kompliziertere Religion zu entfliehen: die Pharisäer mit ihren Moralvorschriften, die Sadduzäer mit ihren politischen Kompromissen, die Zeloten und ihre soziale Revolution oder die Essener mit ihrer gnostischen Spiritualität. Sie alle hatten ihr schönes, ordentliches System, aber sie wollten den Prediger nicht anerkennen.

Aus diesem Grund frischt Jesus ihr Gedächtnis auf und erinnert sie an die Propheten, die verfolgt und getötet wurden. Die Wahrheit der Offenbarung anzunehmen, nicht aber den Prediger, enthüllt eine Mentalität, die von einem Leben stammt, das in Vorschriften, Kompromissen, revolutionären Plänen und wirklichkeitsfremder Spiritualität gefangen ist. Es gibt Christen, die es sich nicht erlauben zu tanzen, wenn der Prediger ihnen gute Nachrichten der Freude verkündet, die sich nicht gestatten zu weinen, wenn der Prediger ihnen eine traurige Nachricht übermittelt. Es gibt Christen, die verschlossen, eingesperrt sind, nicht frei von der Angst vor der Freiheit des Heiligen Geistes, der durch die Predigt zu uns kommt.

Das meinte Paulus, als er vom Skandal der Predigt sprach, der im Skandal des Kreuzes mündet. Es ist ein Skandal, dass Gott uns beschränkte, sündige Menschen benutzt, um durch uns zu sprechen. Noch viel skandalöser ist es aber, dass Gott durch einen Mann zu uns spricht, der sagt, dass er der Sohn Gottes ist, aber als Verbrecher endet. Diese traurigen Christen glauben nicht an den Heiligen Geist. Sie glauben nicht an die Freiheit, die durch die Predigt kommt, die uns ermahnt, uns lehrt, die uns manchmal sehr aufwühlt. Dabei ist es genau diese Freiheit, die die Kirche wachsen lässt.

Das Wort berührt unser Herz

In seinen Wochentagsandachten spricht Papst Franziskus oft zu einem Publikum, das anteilig aus deutlich mehr Priestern besteht als jede durchschnittliche Kirchengemeinde. Wenn er zu ihnen über ihre Berufung als Prediger des Wortes Gottes spricht, enthält dies aber auch eine Botschaft für uns. Manchmal geht uns eine Predigt sehr nah und erschüttert uns. Dann neigen wir dazu, den Prediger zu diskreditieren, anstatt uns weiter mit der Botschaft zu beschäftigen. Aber Gottes Geist ist schonungslos und wird immer unsere Verteidigung durchbrechen. Wenn das passiert, werden wir das neue Leben entdecken, das Gott uns geben möchte.

Das Wort wird lebendig

Denken Sie an eine Predigt, die Sie aufgewühlt hat. Wenn Sie der Botschaft zu dem Zeitpunkt nicht Folge geleistet haben, was können Sie heute unternehmen, um dies zu ändern? Nehmen Sie sich im Advent die Zeit, dem Priester zu danken, der Ihnen das Wort Gottes auf eine neue Weise nahegebracht hat.

Anregung zum Gebet

Beten wir, dass wir keine traurigen Christen werden,
die dem Heiligen Geist die Freiheit nehmen,
der zu uns kommen will durch den „Skandal der Predigt".

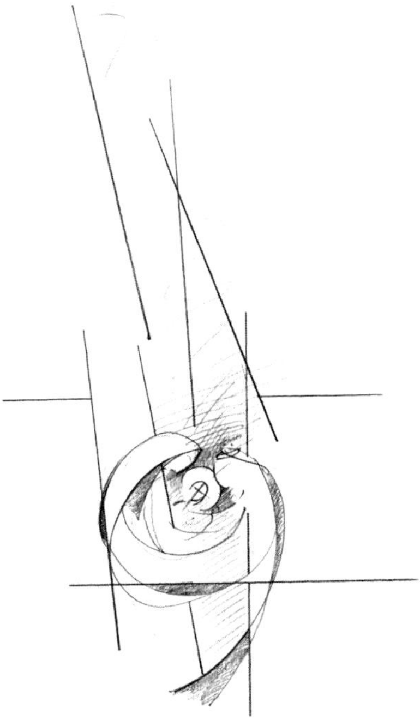

2. Adventswoche · Samstag
Unsere Liebe Frau von Guadalupe

Sach 2,14–17 oder Offb 11,19a; 12,1–6a+10ab, Lk 1,26–38 oder 1,39–47

Worte von Papst Franziskus

Erinnern wir uns am Fest Unserer Lieben Frau von Guadalupe zuallererst voller Dankbarkeit an ihren Besuch und ihre mütterliche Nähe. Als sie dem heiligen Juan Diego auf dem Tepeyac-Berg erschien, stellte sie sich als die „vollkommene Jungfrau Maria, Mutter des einzig wahren Gottes" vor. Sie war es auch, die den neuen Völkern Amerikas ihre ganze Aufmerksamkeit schenkte und ihnen beistand bei ihrer dramatischen Geburt.

Wir können Gott für die Wunder preisen, die er im Leben der Völker Lateinamerikas getan hat. Gott hat diese Dinge, wie es seine Art ist, vor den Klugen und Gebildeten verborgen und sie den Unwissenden enthüllt (vgl. Matthäus 11,25). Durch die Wunder, die der Herr in Maria getan hat, erkennt sie das Wesen ihres Sohnes und seine Rolle in der Heilsgeschichte. Er hilft den Demütigen auf, unterstützt die Armen und Bedürftigen, füllt die mit seiner Güte, seinem Segen und seiner Hoffnung, die schon seit Generationen auf seine Barmherzigkeit hoffen, während er die Reichen, die Mächtigen und die Überheblichen von ihrem Thron stößt.

Lassen wir uns vom Magnifikat dazu inspirieren, um eine Gnadengabe zu bitten, eine christliche Gabe, damit die Zukunft Lateinamerikas von den Armen und Leidtragenden gestaltet werden möge, von denen, die hungern und dürsten nach Gerechtigkeit, von denen, die reinen Herzens sind, von denen, die um ihres Glaubens willen verfolgt werden, von den Sanftmütigen, den Barmherzigen und den Friedensstiftern, denn „ihnen gehört das Himmelreich“ (vgl. Matthäus 5,1–11). Möge die Gnade von denen hervorgebracht werden, die heute zu den Sklaven gehören, die vom götzendienerischen System unserer Wegwerfgesellschaft ausgebeutet oder einfach ausgegrenzt werden.

Sollten wir Angst vor diesem gewagten Plan bekommen oder sollte weltliche Verzagtheit uns bedrohen, dann möge sie zu uns zurückkehren, um zu unseren Herzen zu sprechen und uns ihre Stimme hören zu lassen. Die Stimme einer Mutter, einer guten, großartigen Mutter: „Warum hast du Angst. Bin ich nicht bei dir? Ich, die ich deine Mutter bin?“

Das Wort berührt unser Herz

Papst Franziskus ist der erste Papst seit fast tausend Jahren, der nicht aus Europa kommt. Von Beginn seines Pontifikats an haben wir Anzeichen dafür gesehen, dass er die Kirche für eine neue Weltsicht öffnen möchte. Dadurch, dass er mehr Kardinäle aus Entwicklungsländern ernannt hat, wird sich das Bild der Kirche mehr und mehr verändern und die große Vielfalt von Gottes Schöpfung widerspiegeln.

Das Fest Unserer Lieben Frau von Guadalupe (12. Dezember) feiert die kirchliche Bewegung außerhalb von Europas. Es war nicht ungewöhnlich, dass Missionare durch die Menschen, die sie eigentlich hätten bekehren sollen, eine neue Sicht von Gottes Botschaft bekamen.

Das Wort wird lebendig

Nehmen Sie sich die Zeit, sich über christliche Bräuche in anderen Kulturen zu informieren. Überlegen Sie, welchen Beitrag zur Kirche andere Kulturen leisten. Wie kann Sie dies für die Themen Gerechtigkeit und Frieden sensibler machen? Was an anderen Kulturen macht Ihnen Mühe? Wie kann Maria Ihnen dabei helfen, an dem gewagten Plan Gottes mitzuwirken?

Anregung zum Gebet

Lasst uns inständig zur Heiligsten Jungfrau Maria beten,
Unserer Lieben Frau von Guadalupe,
Mutter Gottes, die Königin und Unsere Liebe Frau,
„mein Mägdelein, meine Kleine", wie der heilige Juan Diego sie genannt hat,
und mit all den Kosenamen, die wir für sie verwenden:
Beten wir, dass sie unsere Völker weiterhin begleitet,
ihnen hilft und sie beschützt.
Möge sie all die an die Hand nehmen, die sich auf eine Pilgerreise machen
in diese Länder, um ihrem Sohn zu begegnen,
Jesus Christus, unserem Herrn,
gegenwärtig in der Kirche,
in seiner sakramentalen Natur, besonders in der Eucharistiefeier,
gegenwärtig im Schatz seines Wortes und seiner Lehre,
gegenwärtig im heiligen und treuen Volk Gottes,
gegenwärtig in denen, die leiden
und niedergeschlagen sind.

*

3. Adventssonntag
Unsere Freude ist Jesus Christus

Jahr A: Jes 35,1–6a+10; Ps 146,6–10; Jak 5,7–10; Mt 11,2–11
Jahr B: Jes 61,1–2a+10–11; Lk 1,46–50+53–54; 1 Thess 5,16–24; Joh 1,6–8+19–28
Jahr C: Zef 3,14–18a; Ps 12,2–6; Phil 4,4–7; Lk 3,10–18

Worte von Papst Franziskus

Die Freude, die die Gute Nachricht bringt, ist nicht irgendeine Freude. Sie besteht aus der Gewissheit, dass wir von Gott geliebt und bei ihm willkommen sind. Er gibt uns die Kraft zum Weitermachen. Er ist immer bei uns und hilft uns. Er ist ein Gott, der uns so sehr liebt! Nur Mut! Immer weiter! Dank seiner Hilfe können wir immer wieder neu anfangen.

Der Prophet Jesaja ermutigt die, die vom Weg abgekommen und mutlos sind, sich der Treue des Herrn anzuvertrauen, denn seine Rettung kommt nie zu spät. Alle, die Jesus begegnet sind, erleben eine Gelassenheit und Freude in ihren Herzen, die ihnen nichts und niemand nehmen kann. Unsere Freude ist Jesus Christus, seine treue Liebe hört niemals auf! Das bedeutet, wenn ein Christ traurig ist, hat er sich von Jesus entfernt. Aber dann dürfen wir ihn nicht alleine lassen! Wir sollten für ihn beten und ihn die Nähe der Gemeinschaft spüren lassen.

In Jesus ist es möglich, inneren Frieden und die Kraft zu finden, schwierige Lebenssituationen zu meistern, selbst die heftigsten und schlimmsten. Man hat schließlich noch nie von einem traurigen Heiligen mit Trauermiene gehört. So etwas gibt es einfach nicht. Das wäre ein Widerspruch. Das Herz eines Christen ist mit Frieden gefüllt, weil er weiß, wie er Freude aus der Beziehung zu seinem Herrn zieht, auch wenn er eine schwierige Zeit durchlebt.

Zu glauben bedeutet nicht, niemals Schwierigkeiten zu erleben, sondern es bedeutet, dass man die Kraft hat, diese Situationen in dem Wissen zu meistern, dass man nicht allein ist. Das ist der Friede, den Gott seinen Kindern gibt.

Das Wort berührt unser Herz

Der heutige Sonntag trägt den Namen *Gaudete*. Die Kirche ruft uns dazu auf, uns zu freuen im Hinblick auf das nahende Weihnachtsfest. Papst Franziskus erinnert uns daran, dass das Markenzeichen eines Christen Freude und Frieden sein sollen, auch mitten in schweren Zeiten. Der Zustand der Welt kann uns allen Mut nehmen, ebenso die Streitigkeiten in unseren Familien, finanzielle Schwierigkeiten oder auch die Uneinigkeiten und Skandale in unserer Kirche. Wir müssen immer wieder daran erinnert werden, dass Gott die Welt immer noch in seiner Hand hält, selbst wenn wir es nicht immer sehen können. Auch die Welt im Palästina des 1. Jahrhunderts, die Welt, in die Jesus hineingeboren wurde, war voller Konflikte und Unfrieden.

Aber Jesus brachte Hoffnung und Frieden in diese Welt und er tut dies auch heute noch für unsere Welt. Sich mit dem Anfang des Lebens Jesu zu beschäftigen, kann etwas von der Freude und der Unschuld der Kindheit zurückbringen und uns daran erinnern, dass auch ein geringer Glaube zu etwas viel Größerem heranwachsen kann.

Das Wort wird lebendig

Wenn Sie es nicht ohnehin schon getan haben, nehmen Sie sich heute Zeit, die Krippe aufzustellen. Machen Sie sich Gedanken über jede Person in der Geschichte der Geburt Jesu. Führen Sie sich die so menschlichen Details dieser Szene vor Augen. Überlegen Sie, wie es wäre, wenn Jesus in unsere Zeit, in unsere Welt hineingeboren worden wäre.

Gebet

Möge die Jungfrau Maria
uns dabei helfen, uns auf den Weg nach Bethlehem
zu machen,
um dem Kind zu begegnen, das für uns geboren wurde,
zur Rettung und zur Freude für alle Menschen.
Zu ihr hat der Engel gesagt: „Gegrüßet seist du,
voll der Gnade: der Herr ist mit dir." (Lukas 1,28)

Möge sie uns die Gnade gewähren, durch die Gute
Nachricht voller Freude
in unseren Familien, bei der Arbeit, in unserer
Pfarrgemeinde und überall sonst zu leben.
Diese Freude ist eine ganz persönliche Freude,
die gespeist ist aus Staunen und Sanftheit.

Es ist die Freude, die eine Mutter empfindet,
wenn sie ihr Neugeborenes ansieht
und fühlt, dass es ein Geschenk von Gott ist,
ein Wunder, für das sie einfach nur danken kann!

3. Adventswoche · Montag
Vergangenheit, Gegenwart und Zukunft*

4 Mo 24,2–7+15–17a; Ps 25,4–9; Mt 21,23–27

Worte von Papst Franziskus

Der Prophet verkörpert diese drei Ebenen: Vergangenheit, Gegenwart und Zukunft.

Die Vergangenheit: Der Prophet weiß um die Verheißung Gottes und bewahrt sie in seinem Herzen, er hält sie am Leben, er gedenkt ihrer, er ruft sie sich immer wieder ins Gedächtnis. Dann schaut er in die Gegenwart, er sieht auf sein Volk, er erlebt die Kraft des Geistes, von dem nur ein Wort genügt, und sie bekommen neuen Mut für ihre Reise in die Zukunft. Der Prophet ist ein Mann dieser drei Zeiten: der Verheißung der Vergangenheit, der Einkehr der Gegenwart und des Mutes, den Weg in die Zukunft zu weisen.

Die Propheten waren zu dieser Zeit in Israel sehr wichtig. Trotzdem wurden sie oft nicht gut empfangen oder sogar abgelehnt. Jesus selbst sagte zu den Pharisäern, dass ihre Väter die Propheten getötet hätten, weil sie unangenehme Dinge gesagt, die Wahrheit gesprochen und an die

---

* An den Tagen in der dritten Woche, die auf den 17. bis 23. Dezember fallen, geht es auf der entsprechenden Seite weiter.

Verheißungen erinnert hatten. Wenn es im Leben Israels keine Prophetien mehr gibt, dann fehlt etwas: Das Leben des Herrn fehlt.

Wenn es keine Prophezeiung gibt, hat die Gesetzlichkeit mehr Gewicht. Diese Priester gingen zu Jesus und fragten ihn nach der Rechtmäßigkeit seiner Taten: „Mit welcher Berechtigung tust du diese Dinge?", fragten sie ihn. Als wollten sie ihm sagen: „Wir haben die Macht über das, was im Tempel vor sich geht – aber mit welchem Recht tust *du*, was du tust?" Sie verstanden die Prophezeiungen nicht, sie hatten die Verheißungen vergessen. Sie wussten nicht, wie sie die Zeichen der Zeit lesen sollten. Weder waren ihre Augen geöffnet, noch hörten sie Gottes Wort. Alles, was sie hatten, war Macht.

Vielleicht ging es dem Volk Gottes, das glaubte und das zum Beten in den Tempel ging, einfach so: In ihrem Herzen trauerten sie darüber, dass sie den Herrn nicht finden konnten. Die Prophezeiung fehlte. Sie trauerten und baten darum, dass sie fruchtbar werden würden mit der Fülle, die von der Kraft Gottes kommt, wenn er die Erinnerung an seine Verheißung in uns wieder wachruft und uns voller Hoffnung in die Zukunft führt. Das ist ein Prophet. Das ist der Mann, dessen Augen geöffnet sind und der die Worte Gottes hört.

Das Wort berührt unser Herz

Die erste Bibelpassage aus dem 4. Buch Mose erzählt von einem unerwarteten Propheten, einem Mann, dessen Esel sich weigerte weiterzugehen, bis Bileam bereit war, die Worte der Prophezeiung zum Volk Israel zu sprechen. Er gehörte nicht zu ihrem Stamm, er hatte nicht den gleichen Glauben wie sie. Doch der Geist Gottes bezeichnete ihn als Mann, dem die Augen geöffnet sind und als Hörer der göttlichen Rede. Wir erkennen die Propheten in unserer Mitte nicht immer. Sie sehen nicht immer so aus oder verhalten sich nicht immer so, wie wir uns einen Propheten vorstellen. Und wenn wir da suchen, wo man unserer Meinung nach Propheten finden sollte, sind wir enttäuscht, dort niemand Besonderen anzutreffen. Papst Franziskus hat viel dafür getan, um uns die Augen für die unerwarteten Propheten in unserer Mitte zu öffnen. Und er fordert diejenigen innerhalb der Kirche heraus, die sich allein auf die Kraft von Regeln, Vorgaben und auf eine Autorität verlassen, die ausschließt, statt zu integrieren.

Das Wort wird lebendig

Falls diese Worte von Papst Franziskus Sie ein wenig an Charles Dickens erinnern, ist das wahrscheinlich gar nicht so schlecht. Schauen Sie sich Ihre Lieblingsversion von „Eine Weihnachtsgeschichte“ an oder lesen Sie den Roman. Während Sie etwas erfahren über Vergangenheit,

Gegenwart und Zukunft von Ebenezer Scrooge, überlegen Sie sich, wie die Geister der Weihnacht oder die Propheten auf *Ihr* Leben blicken würden. Was können Sie von ihnen lernen? Wie könnte das kommende Weihnachtsfest anders werden?

Gebet

Ich bitte den Herrn um Gnade,
dass unsere Herzen schlicht sind,
erhellt von der Wahrheit, die er uns gibt,
so dass wir mit Anderen freundlich, voller Vergebung
und verständnisvoll, großherzig und voller Erbarmen
umgehen können.

*

3. Adventswoche · Dienstag
Sie werden die Ersten sein

Zef 3,1–2+9–13; Ps 34,2–3+6–7+17–19+23; Mt 21,28–32

Worte von Papst Franziskus

Die drei Merkmale des treuen Volkes Gottes sind Demut, Armut und Vertrauen auf den Herrn. Das ist der Weg des Heils. Wenn wir das heilige Volk Gottes sehen, das demütig ist, dessen Schatz im Glauben und im Vertrauen in den Herrn liegt, dann sehen wir in diesen demütigen, armen Menschen die Erretteten, denn das ist der Weg, den die Kirche gehen muss.

Man könnte fragen: „Aber, Vater, was für ein Skandal, dass Jesus das über die Zöllner gesagt hat, die ihr Heimatland betrügen, weil sie Steuern einnehmen, die sie den Römern zahlen. Werden sie wirklich als Erste in das Königreich des Himmels kommen? Und die Prostituierten etwa auch – diese Wegwerffrauen?" Und schließlich: „Herr, bist du verrückt geworden? Wir sind rein, wir sind Katholiken, wir nehmen jeden Tag teil am Heiligen Abendmahl."

Sie werden die Ersten sein, wenn unser Herz nicht reumütig ist. Und wenn wir nicht auf den Herrn gehört haben, uns von ihm nicht haben korrigieren lassen, ihm nicht vertraut haben, dann haben wir kein reumütiges Herz.

Der Herr möchte keine Heuchler wie die, die empört waren über das, was Jesus über die Zöllner und Prostituierten gesagt hat, sich dann aber im Geheimen doch an beide gewandt haben, entweder, um ihre Leidenschaften auszuleben oder um Geschäfte zu machen. Sie hielten sich selbst für rein, aber das sah unser Herr anders.

Dieses Urteil gibt uns Hoffnung im Hinblick auf unsere Sünden. Wir alle sind Sünder. Jeder von uns kennt die eigene Liste der Sünden, aber jeder von uns hat die Möglichkeit zu sagen: „Herr, ich bringe dir meine Sünden, das Einzige, was ich habe."

Das Wort berührt unser Herz

Eine der schwierigsten Lektionen für religiöse Menschen (die wir oft vergessen und wieder und wieder neu lernen müssen) ist, dass unsere eigene Kraft nicht das ist, was uns rettet. Das kann nur die Gnade Gottes. Es ist leichter, Gottes Gnade zu erkennen, wenn wir unsere eigene Schwäche erkennen. Der heilige Paulus wusste das, die wahren Heiligen unter uns wissen das auch. Paradoxerweise wissen die Sünder unter uns dies sehr viel besser als die, die sich für treu und gerecht halten. Es gibt etwas, das die „Papstberichterstatter" der säkularen Medien oft überrascht, nämlich dass Papst Franziskus oft davon spricht, wie nötig er es hat, in Sachen Heiligung und Verlässlichkeit zu wachsen und an seinen „Mängeln" zu arbeiten. Wenn uns bewusst ist, dass wir Sünder sind, können wir auch die große Gnade Gottes annehmen: die Gewissheit, dass Gott uns rettet.

Das Wort wird lebendig

Der Stress dieser Jahreszeit zeigt uns oft, wo unsere Schwachpunkte liegen und wo wir besonders anfällig sind. Wenn Sie das nächste Mal den Autofahrer auf der Spur neben sich anbrüllen oder die Geduld mit einem Kind oder einem Kollegen verlieren, dann fragen Sie sich, was Sie vielleicht in dem Anderen sehen, das Sie an sich selbst gar nicht so gerne mögen.

Gebet

Herr, hier sind meine Sünden,
es sind nicht die von diesem Mann oder jener Frau.
Es sind meine.
Bitte nimm du sie. So werde ich gerettet.

Wenn wir das schaffen,
werden wir ein wunderschönes Volk sein,
das demütige und arme Volk,
das auf den Namen des Herrn vertraut.

3. Adventswoche · Mittwoch
Die Musik der Stille

Jes 45,6–8+18+21–25; Ps 85,9–14; Lk 7,18–23

Worte von Papst Franziskus

Wie spricht der Herr zu uns? Es ist manchmal unbegreiflich, dass dieser große Gott zu uns sagt:

„Denn ich bin der Herr, dein Gott, der deine rechte Hand ergreift und der zu dir sagt: Fürchte dich nicht, ich werde dir helfen." (Jesaja 41,13) Er ist genau wie ein Vater, der nachts an das Bett seines Kindes kommt, wenn dieses schlecht geträumt hat, und zu ihm sagt: „Hab keine Angst! Ich bin bei dir."

Ich war schon immer sehr beeindruckt davon, wie der Herr Elia begegnet und wie er mit ihm redet. Auf dem Berg war der Herr, als Elia ihn vorbeigehen sah, nicht im Hagel, nicht im Regen, nicht im Sturm, nicht im Wind. Der Herr war in einem leisen Säuseln (vgl. 1. Könige 19,11–13). Im Originaltext wird ein wunderschönes Wort verwendet, das sich leider nicht ganz präzise übersetzen lässt: Er war in einem klangvollen Faden aus Stille. Ein wohltönender Stillefaden: So nähert sich der Herr, mit diesem Ton der Stille, dem die Liebe innewohnt. Das ist die Musik der Sprache des Herrn. Während wir uns auf Weihnachten vorbereiten, sollten wir darauf hören. Es wird uns sehr guttun!

Normalerweise ist Weihnachten ein lautes Fest, also wird es uns wohltun, auch mal still zu sein, damit wir diese Worte der Liebe, der großen Nähe, diese Worte voller Zärtlichkeit hören können. Wir müssen still sein, um wachsam warten zu können.

Das Wort berührt unser Herz

Der Papst bezieht sich hier auf eine Geschichte aus dem Buch der Könige. Es ist eine meiner Lieblingsgeschichten. Elia, der sich vor König Ahab und Königin Isebel versteckte, fühlte sich von Gott verlassen. In einer Höhle auf einem Berg erlebte er Donner, Feuer und Erdbeben. Auf diese Arten hatte sich Gott seinem Volk traditionell oft gezeigt. Doch Gott war in keinem dieser Dinge. Als wieder Stille eingekehrt war, erlebte Elia Gott in einem bloßen Flüstern des Windes. Mehr als einmal in dieser hektischen Jahreszeit werden wir uns vielleicht wünschen, an einen verlassenen Ort zu flüchten. Wir verlieren uns darin, den Geist der Adventszeit in Musik, Feiern, Geschenken oder den vielen anderen Bestandteilen dieser Zeit zu suchen. Aber der Advent ruft uns wieder und wieder dazu auf, Gott in der Stille zu suchen.

Das Wort wird lebendig

Nehmen Sie sich fest vor, in den kommenden zwei Wochen so viel Zeit wie möglich in der Stille zu verbringen.

Vielleicht tun Sie das am frühen Morgen oder spätabends, in der Mittagspause in einer Kirche in Ihrer Nähe oder während eines Spaziergangs im Park oder im Wald. Genießen Sie die Stille, den Frieden, den Rückzug aus der Hektik der weltlichen Art, den Advent zu begehen. Achten Sie darauf, was für einen Unterschied das macht für die weitere Vorbereitung. Es könnte sein, dass Sie sogar öfter in die Stille gehen möchten.

Gebet

Möge Unsere Liebe Frau uns begleiten
auf unserem Weg zum Weihnachtsfest.
Und möge dort Freude über Freude sein!

3. Adventswoche · Donnerstag
Das Herzstück christlicher Berufung

Jes 54,1–10; Ps 30,2+4–6+11–13; Lk 7,24–30

Worte von Papst Franziskus

Josef übt seine Rolle als Beschützer sehr diskret aus, demütig und still, aber mit Zuverlässigkeit und äußerster Treue, selbst wenn er das alles nur schwer verstehen kann. Ab seiner Verlobung mit Maria bis zu dem Zeitpunkt, als sie den zwölfjährigen Jesus im Tempel in Jerusalem finden, ist er jeden Moment da und kümmert sich liebevoll. Als Marias Ehemann steht er ihr in guten wie in schlechten Zeiten bei: auf der Reise nach Bethlehem zur Volkszählung und in den bangen und freudigen Stunden, als sie Jesus zur Welt bringt. Auch auf der dramatischen Flucht nach Ägypten ist er ebenso da wie während der panischen Suche nach ihrem Kind im Tempel. Selbst später im täglichen Leben in ihrem Zuhause in Nazareth, in der Werkstatt, nimmt er Anteil und bringt Jesus sein Handwerk bei.

Josef reagiert auf seine Berufung, der Beschützer von Maria, Jesus und der gesamten Kirche zu sein, auf zielgerichtete Art: Er ist immer auf Gott ausgerichtet, offen für Zeichen von Gottes Gegenwart, und stellt Gottes Pläne über seine eigenen. Josef ist ein Beschützer, weil er Gottes Stimme hören kann und sich von seinem Willen leiten lässt. Aus diesem Grund ist er besonders sensibel für die Menschen, die seiner Fürsorge anvertraut wurden. Er kann die Dinge realistisch einschätzen, er ist im Kontakt mit seiner Umwelt, er kann weise Entscheidungen treffen. Durch ihn, liebe Freunde, lernen wir, wie wir auf Gottes Ruf antworten sollen: bereitwillig und gern. Josef zeigt uns auch das Herzstück der christlichen Berufung: Christus!

Fürsorglich und beschützend zu sein, erfordert Charakterstärke und eine gewisse Sanftmut. In den Evangelien erscheint der heilige Josef als starker, mutiger Mann, ein Arbeiter. Die Sanftmut in seinem Herzen ist kein Zeichen von Schwachheit, sondern ein Zeichen eines starken Geistes und der Fähigkeit zur Anteilnahme, zum Mitgefühl, zur aufrichtigen Offenheit für Andere, für die Liebe. Wir sollten keine Angst haben vor Güte und Sanftmut!

Das Wort berührt unser Herz

Wir nehmen uns im Advent nicht oft die Zeit, an den heiligen Josef zu denken. Es geht viel um Mariä Verkündigung, ihre Schwangerschaft, ihren Besuch bei Elisabeth und das wunderbare Ereignis der Geburt. Josef ist oft der stille Mann im Schatten. Papst Franziskus bringt ihn hier ins Licht und präsentiert ihn als Vorbild für uns alle.

Angesichts des großen Mysteriums der Menschwerdung Gottes finden wir es vielleicht einfacher, uns mit Josef zu identifizieren, als mit Maria. Oft bereiten uns die

Ereignisse in unserem Leben Sorgen, aber wir machen weiter, so gut wir können, im Vertrauen auf die Führung, die Gott uns durch unsere Träume schenkt, durch unsere Intuition, unsere Liebe für die Menschen in unserer Obhut.

Das Wort wird lebendig

Nehmen Sie sich heute die Zeit, über Ihren Vater und Ihre Großväter nachzudenken. Denken Sie an die Berufe, die diese ausgeübt haben oder ausüben, an den Platz, den sie bei Familientreffen und -feiern haben oder hatten. Welche Erinnerungen haben Sie an Weihnachten? Welche Eigenschaften des heiligen Josef entdecken Sie in Ihrem Vater und Ihren Großvätern? Wenn die Beziehung schwierig war oder diese Menschen in Ihrem Leben nicht wirklich präsent waren, welche Eigenschaften hätten Sie sich dann für sie gewünscht? Was könnten Sie tun, damit diese Erinnerungen Sie nicht mehr so schmerzen?

Gebet

Mögen wir Christus in unserem Leben beschützen,
so dass wir auch Andere beschützen können,
so dass wir die Schöpfung bewahren.
Heiliger Josef, bitte für uns.

3. Adventswoche · Freitag
Bitte nicht stören

Jes 56,1–3+6–8; Ps 67,2–3+5+7–8; Joh 5,33–36

Worte von Papst Franziskus

Den ganzen Advent hindurch hält die Kirche Wache, genau wie Maria. Wachsam zu sein ist die Tugend der Pilger. Wir sind solche Pilger. Sind wir wachsam oder verschlossen? Sind wir aufmerksam oder haben wir es uns gemütlich gemacht in einer Herberge und möchten nicht mehr weitergehen? Sind wir Pilger oder irren wir nur umher? Die Kirche lädt uns ein, „Komm!" zu beten und unsere Seelen voller Zuversicht zu öffnen. Wir sind eingeladen, wahrzunehmen und zu verstehen, was in uns passiert; zu fragen, ob der Herr kommt oder ob er nicht kommt, ob es Platz gibt für den Herrn oder ob es Platz gibt für das Feiern, Einkaufen oder Hektikverbreiten. Diese Prüfung unseres Gewissens sollte uns zu der Frage an uns selbst führen: Sind unsere Seelen empfänglich, so wie die Seele der Heiligen Mutter Kirche empfänglich ist und so wie Marias Seele empfänglich war? Oder haben wir unsere Seelen verschlossen und ein Schild an die Tür gehängt mit der Aufschrift: „Bitte nicht stören"?

Die Welt endet nicht mit uns und wir sind auch nicht wichtiger als die Welt. Deshalb tun wir gut daran, zusammen mit Unserer Lieben Frau und der gesamten Kirche auszurufen: O Weisheit, o König der Völker, komm, komm! Und wir tun gut daran, dies oft zu wiederholen. Es ist ein Gebet, das uns ermöglicht zu prüfen, ob unsere Seelen Anderen den Eindruck geben, dass wir nicht gestört werden wollen, oder ob unsere Seelen stattdessen offen sind, bereit, den Herrn zu empfangen.

Das Wort berührt unser Herz

Papst Franziskus greift hier noch einmal das Thema des Pilgerns auf. Er erinnert uns daran, dass unsere Reise eine Pilgerreise ist, eine heilige Reise in eine heilige Zeit und an einen heiligen Ort. Selbst wenn wir am Anfang dieser Reise noch einen klaren Fokus und eine feste Absicht hatten, kann es leicht passieren, dass wir vom Weg abkommen und uns auf Abwege begeben, die uns interessanter erscheinen. Vielleicht wollen wir die Reise auch komplett abbrechen und uns in unserem Zimmer unter einer Decke verstecken. Das Bild eines „Bitte nicht stören"-Schildes, das der Papst hier verwendet, trifft bei manchen von uns vermutlich voll ins Schwarze. Es kann Mühe bereiten, offen zu sein für das, worum Gott uns bittet. Manchmal gelangen wir an einen Punkt, an dem wir sagen wollen: „Genug! Ich kann nicht mehr." Aber Gott klopft sanft weiter an diese verschlossenen Türen und verspricht, dass wir es nicht bereuen werden, uns wieder auf den Weg zu machen.

Das Wort wird lebendig

Papst Franziskus' heutige Empfehlung, das eigene Gewissen zu prüfen, ist eine sehr gute Empfehlung. Manchmal ist es so: Je näher das Weihnachtsfest rückt, desto leichter ist es, sich in all den Feiern und den Einkäufen im allerletzten Moment zu verlieren. Dann vergessen wir unsere Hingabe vom Anfang der Adventszeit, als noch weniger los war. Wenn Sie das nicht ohnehin schon getan haben, dann feiern Sie das Sakrament der Beichte. Informieren Sie sich in Ihrer Pfarrgemeinde oder einer Kirche in Ihrer Nähe, wie Sie dies tun können.

Anregung zum Gebet

Unsere Seelen erwarten gespannt
das Kommen des Herrn.
Offene Seelen rufen aus: Komm, Herr!
In diesen Tagen
wirkt der Heilige Geist im Herzen eines jeden von uns
und gibt uns dieses Gebet ein:
Komm, komm!

*

Der Samstag der dritten Adventswoche fällt immer in die Tage der O-Antiphonen.

4. Adventssonntag
Gottes Zeitplan erkennen*

Jahr A: Jes 7,10–14; Ps 24,1–6; Röm 1,1–7; Mt 1,18–24
Jahr B: 2 Sam 7,1–5+8b–12+14a+16; Ps 89,2–5+27+29; Röm 16,25–27; Lk 1,26–38
Jahr C: Mi 5,1–4a; Ps 80,2–3+15–16+18–19; Hebr 10,5–10; Lk 1,39–45

Worte von Papst Franziskus

Maria weiß am Anfang noch nicht, wohin ihr Weg führen wird, welche Schmerzen sie erleiden und welchen Risiken sie sich ausgesetzt sehen wird. Aber ihr ist klar, dass es der Herr ist, der sie fragt, und sie vertraut ihm voll und ganz. Sie geht ganz in seiner Liebe auf. Einen so starken Glauben hatte Maria! Sie lehrt uns, den richtigen Moment zu erkennen, in dem Jesus in unser Leben kommt und uns um eine bereitwillige und weitherzige Antwort bittet.

Wie oft kommt Jesus in unser Leben, wie oft schickt er uns einen Engel und wie oft merken wir es nicht! Wir sind zu beschäftigt, fixiert auf unsere eigenen Gedanken und Pläne und all die Weihnachtsvorbereitungen, so dass wir den, der an die Tür unseres Herzens klopft und auf ein Ja wie das von Maria hofft, gar nicht bemerken.

In der geheimnisvollen Geschichte von Weihnachten finden wir an Marias Seite immer den stillen heiligen

---

* Der Samstag der dritten Adventswoche fällt immer in die Tage der O-Antiphonen.

Josef, so wie es in jeder Krippendarstellung zu sehen ist.

Josef folgte einem guten Plan für sein Leben, aber Gott hatte noch einen anderen Plan für ihn, eine größere Aufgabe. Josef bestand nicht darauf, seinen eigenen Plan zu verfolgen, er ließ nicht zu, dass Bitterkeit seine Seele vergiftete. Stattdessen war er bereit, sich auf die Neuigkeiten einzulassen, die ihm auf so verwirrende Weise präsentiert wurden. Josef wurde dadurch noch freier und größer. Indem er Gottes Plan annahm, fand Josef komplett zu sich selbst und wuchs sogar über sich selbst hinaus.

Das Wort berührt unser Herz

Die Lesungen für den vierten Adventssonntag erinnern uns daran, dass Jesus in eine menschliche Familie hineingeboren wurde. Es war wichtig, dass er wie wir aus Fleisch und Blut war, aber es war ebenso wichtig, dass auch er in sozialen Beziehungen lebte, die das Leben zugleich komplettieren und verkomplizieren. Manchmal denken wir vielleicht, dass es einfacher wäre, getrennt zu sein von den Menschen, mit denen wir leben und arbeiten. Aber die Menschwerdung Jesu erinnert uns daran, dass Gott uns dazu aufruft, heilig zu sein inmitten genau dieser Beziehungen. Er ruft uns auf, treu zu sein, selbst wenn unsere sorgsam ausgearbeiteten Pläne zerschlagen werden, wenn die Umstände unser Leben plötzlich ins Chaos stürzen.

Von Maria und Josef lernen wir, dass Gott uns mit sicherer Hand durch die Dunkelheit führen wird, solange wir „Ja" sagen zu ihm.

Das Wort wird lebendig

In dieser Zeit des Jahres kann es vorkommen, dass wir mitten in der Nacht aufwachen und uns eine endlose To-do-Liste durch den Kopf rattert. Schreiben Sie einige dieser Sorgen auf, von banal bis tief greifend. Falten Sie das Papier zusammen und legen Sie es irgendwo in die Nähe oder vielleicht sogar in die Krippe in Ihrem Haus. Möge diese Geste Sie daran erinnern, Ihre Sorgen, Nöte und Ihr ganzes Leben Gottes Fürsorge anzuvertrauen.

Anregung zum Gebet

Maria, die Frau voller Gnade,
die den Mut hatte, sich voll und ganz
dem Wort Gottes anzuvertrauen.
Josef, der treue und gerechte Mann,
der dem Herrn glaubte,
anstatt auf die Stimmen des Zweifels und des
menschlichen Stolzes zu hören.

Vertrauen wir uns der Fürbitte
unserer Mutter und der des heiligen Josef an,
damit wir ein wahrhaft christliches Christfest erleben,
frei von aller Weltlichkeit,
bereit, den Retter zu empfangen, Gott-mit-uns.
Lasst uns zusammen mit ihnen nach Bethlehem gehen.

Die O-Antiphonen

Die letzten Tage im Advent sind dafür vorgesehen, über die Bedeutung des ersten Weihnachtsfestes nachzudenken, über die Rettung, die die Geburt Christi bringt, damals, heute und in aller Zeit. Die Leitverse (Antiphonen) aus den Evangelien für diese speziellen Tage in der Messe und beim Abendgebet werden „O-Antiphonen" genannt. Im alten Adventslied „O komm, o komm, Immanuel" sind die Antiphonen in Reimform verarbeitet. Sie sprechen von dem Christus, der in unsere Welt kommt, um uns zu erlösen.

17. Dezember
„O Weisheit“: Wir sind der Nachname Gottes

1 Mo 49,2+8–10; Ps 72,3–4+7–8+17; Mt 1,1–17

Worte von Papst Franziskus

Gott ist mit seinem Volk unterwegs, weil er uns nicht von außerhalb der Geschichte retten wollte. Er wollte mit uns Geschichte schreiben. Eine Geschichte, die gleichermaßen aus Heiligkeit und Sünde besteht. Die Liste der Vorfahren Jesu kennt beides: Wir erfahren von Abraham und David und weiteren Sündern. Aber Gott hat mit ihnen allen Geschichte geschrieben. Sie waren große Sünder, die nicht wussten, wie sie auf den Plan reagieren sollten, den Gott für sie hatte. Salomo, so geachtet und intelligent, endete als armer Mann, der noch nicht einmal seinen eigenen Namen kannte. Und trotzdem war Gott auch mit ihm unterwegs. Das ist das Wunderbare: Gott schreibt Geschichte mit uns.

Wenn Gott sagen möchte, wer er ist, dann sagt er: Ich bin der Gott Abrahams, Isaaks und Jakobs. Welchen Nachnamen trägt Gott? Unseren. Den eines jeden von uns. Er nimmt den Namen jedes Einzelnen und macht ihn zu seinem Nachnamen: „Ich bin der Gott Abrahams, Isaaks und Jakobs und der von Pedro, von Marietta, von Armony, von Marisa, von Simon, von allen.“ Wenn er mit uns Geschichte geschrieben hat, von uns seinen Nachnamen bekommen hat, wenn er es uns überlassen hat, seine Geschichte zu schreiben, dann sollten wir wiederum auch Gott erlauben, unsere Geschichte zu schreiben.

Das Wort berührt unser Herz

Bei genauerer Betrachtung des Stammbaums Jesu, wie er von Matthäus und Lukas in den jeweiligen Evangelien aufgeschrieben wurde, kann man schon einen Schreck kriegen, weil dort gute und verkommene Menschen wild durchmischt auftauchen. Aber Gott kann jeden Menschen gebrauchen, um seinen Plan zu vollenden. Männer und Frauen, Namen, die wir kennen, und solche, die uns nicht bekannt sind, Schlüsselerlebnisse wie das Exil in Babylon – all das wird am Anfang des Matthäus-Evangeliums aufgelistet. Manchen erscheint das vielleicht wie eine Liste öder Fakten oder trockene Geschichte, aber je mehr wir über das Wirken Gottes im Leben ganz normaler Menschen im Lauf der Weltgeschichte wissen, desto besser erkennen wir, was er in unserer Zeit tut.

Das Wort wird lebendig

Viele Menschen betreiben Ahnenforschung. Es gibt eine Reihe von Webseiten, die sich mit diesem Thema beschäftigen und uns das Nachforschen von unserem PC zu Hause aus ermöglichen. Doch die Register und Dokumente liefern nur eine Art Gerüst. Der Kern liegt in den Geschichten, die in den Familien über die eigenen Vorfahren erzählt werden. Rufen Sie sich heute nicht nur Ihre direkten Vorfahren innerhalb Ihrer Familie ins Gedächtnis, sondern auch Ihre Mütter und Väter im Glauben. Inwiefern ist Gott Teil Ihrer Familiengeschichte? Wie könnte diese Geschichte mit Ihnen weitergehen?

Anregung zum Gebet

Möge der Herr unsere Geschichte schreiben,
und mögen wir ihm erlauben, sie zu schreiben.

*

18. Dezember
„O Adonai“: Gott schreibt Geschichte mit seinem Volk

Jer 23,5–8; Ps 72,1+12–13+18–19; Mt 1,18–24

Worte von Papst Franziskus

In der gestrigen Lesung haben wir uns mit dem Stammbaum Jesu beschäftigt. In Matthäus 1,18–24 endet diese Betrachtung mit der Erkenntnis, dass Rettung immer innerhalb der Geschichte stattfindet: Es gibt keine Rettung ohne Geschichte. Wir haben den Punkt, an dem wir heute sind, nur erreicht, weil es davor eine bemerkenswert lange Geschichte gab, die uns die Kirche gestern auf symbolische Art erzählt hat in dem Abschnitt über den Stammbaum Jesu: Gott wollte uns innerhalb der Geschichte retten.

Geschichte wird Schritt für Schritt geschrieben: Gott schreibt Geschichte und auch wir schreiben Geschichte. Wenn wir Fehler machen, korrigiert Gott die Geschichte und führt uns weiter, immer weiter, und ist die ganze Zeit zusammen mit uns unterwegs. Wenn uns das nicht bewusst ist, werden wir Weihnachten und das Geheimnis der Menschwerdung des Wortes Gottes niemals verstehen. Denn das alles ist eine Geschichte des Unterwegs-Seins. Offensichtlich ist an Weihnachten noch nicht Schluss, denn auch jetzt rettet der Herr uns immer noch innerhalb der Geschichte und ist mit seinem Volk unterwegs.

Mit seinem Volk Geschichte zu schreiben, bedeutet für Gott, mit uns unterwegs zu sein und seine Auserwählten zu prüfen. Tatsächlich haben seine Auserwählten in aller Regel dunkle, schmerzvolle, schlechte Zeiten durchlebt, so wie wir es aus der Bibel kennen. Aber am Ende kommt immer der Herr. Das Evangelium berichtet, dass Gott einen Engel schickt.

Selbst in den schlimmsten Zeiten, in Zeiten der Krankheit, wenn uns klar wird, dass wir um die Letzte Ölung bitten müssen, weil es keinen anderen Ausweg mehr gibt, sollten wir daran denken: „Herr, die Geschichte hat weder mit mir begonnen noch endet sie mit mir. Mach du weiter, ich bin bereit." So begeben wir uns in die Hände des Herrn.

Das Wort berührt unser Herz

Die heutige Lesung ist Matthäus' Version von Mariä Verkündigung, wo in diesem Fall Josef berichtet wird, dass die scheinbar skandalösen Umstände seiner Verlobten schon seit Anbeginn der Zeit Teil von Gottes Plan waren. Wir können uns vorstellen, was Josef durchgemacht haben muss. Vielleicht haben wir ähnliche Schwierigkeiten selbst erlebt. In solchen Zeiten haben wir uns vermutlich nach einem so deutlichen Zeichen gesehnt, wie

Matthäus es hier beschreibt. Papst Franziskus erinnert uns daran, dass wir in solchen Zeiten eine Art verzweifelten Glauben brauchen, der auch mitten in dunklen Zeiten „Ja“ sagt. Was dabei mehr als alles Andere hilft, ist die Beschäftigung mit den biblischen Geschichten, den Geschichten von Gottes Gegenwart bei seinem Volk.

Das Wort wird lebendig

Denken Sie an ein Weihnachtsfest, das für Sie und Ihre Familie schwierig war. Was genau waren die Umstände? Krankheit, Tod, ein Auslandseinsatz oder einfach die tägliche Arbeit können die Erwartungshaltung an die gemeinsamen Feiertage extrem erhöhen. Wie war Gott in dieser schwierigen Situation anwesend? Wie konnten Sie seine Gegenwart vielleicht erst im Rückblick erkennen? Wer war da und hat einen Teil Ihres Schmerzes gelindert und etwas von der Last mitgetragen? Wie könnten Sie dasselbe tun für jemanden, dem es an diesem Weihnachtsfest schlecht geht?

Gebet

Herr,
hilft uns dabei, das Geheimnis
deiner Reise mit deinem Volk durch die Geschichte
hindurch zu verstehen.
Du hast deine Auserwählten geprüft. Sie haben das Leid
auf sich genommen,
die Probleme, und selbst als sie wie Sünder gewirkt
haben – denken wir nur an Jesus –,
hast du die Geschichte weitergeschrieben.

*

19. Dezember
„O Wurzel Jesse“: Die Zeit der Neuschöpfung

Ri 13,2–7+24–25; Ps 71,3–6+16–17; Lk 1,5–25

Worte von Papst Franziskus

Das Wort, über das die Kirche uns heute, so kurz vor Weihnachten, nachdenken lässt, das wichtigste Wort am heutigen Tag ist: Unfruchtbarkeit. Die Lesung erzählt uns von zwei Frauen, die keine Kinder hatten, keine Kinder bekommen konnten. Im Volk Israel war es schwierig, mit Unfruchtbarkeit klarzukommen: Man könnte wohl sagen, dass die Unfähigkeit, Leben zu geben, fast als Fluch galt, denn keine Kinder zu haben widersprach dem Gebot des Herrn, die Erde mit neuem Leben zu füllen. Doch in der Bibel ist oft von unfruchtbaren Frauen die Rede, und immer aus wichtigen Gründen, angefangen bei Sarah, unserer Mutter: Sie war unfruchtbar, aber der Herr tat ein Wunder.

Unfruchtbar zu sein war schlimm. In der Lesung aus dem Lukas-Evangelium wird von Unfruchtbarkeit berichtet. Kurz vor Jesu Geburt kann eine Freundin Marias keine Kinder bekommen. Die Unfruchtbarkeit ist ein Symbol für eine Menschheit, die allein nicht in der Lage ist, auch nur noch einen Schritt zu machen. Aus der Unfruchtbarkeit heraus kann der Herr eine neue Familienlinie eröffnen, ein neues Leben: Das ist die Botschaft für heute.

Wenn die Menschheit erschöpft ist, wenn sie nicht mehr weitermachen kann, kommt Gnade, kommt der Sohn, und es kommt Rettung. So macht die erschöpfte Schöpfung den Weg frei für eine neue Schöpfung.

Wir warten auf den Meister, der alle Dinge erschaffen, alles neu machen kann. Wir erwarten die Erneuerung durch Gott. Diese Neuschöpfung ist nur mit dem Geist Gottes möglich. Die Botschaft ist klar: Öffnen wir uns dem Geist Gottes. Wir können es nicht alleine schaffen. Er ist es, der alles ermöglicht.

Das Wort berührt unser Herz

Ich stelle oft fest, dass ich die Rolle habe, Freunde und Familie daran zu erinnern, dass sie ihre ausgefeilten Pläne für die Weihnachtstage mal nüchtern betrachten sollten. Ich tendiere immer zu einem eher ruhigen Ansatz in Bezug auf Weihnachten, also fällt es mir vielleicht leichter als Anderen, mich dem ganzen Vorbereitungsstress zu entziehen. Es ist in Ordnung zuzugeben, wenn man müde ist. Das Wichtige in solchen Zeiten ist, wie Papst Franziskus es so wunderbar auf den Punkt bringt, sich von Gott erneuern zu lassen. Lassen wir uns von Gott den Weg zeigen. Wie unfruchtbar wir uns auch fühlen mögen, Gott wird immer wieder neues Leben erschaffen und uns damit überraschen. Lassen wir uns an diesem Weihnachtsfest überraschen vom Gott der Überraschungen.

Das Wort wird lebendig

Werfen Sie mal einen Blick auf Ihre To-do-Liste für die nächsten Tage bis zum Weihnachtsfest. Was können Sie delegieren? Was können Sie weglassen? Wie können Sie sich wieder auf das Wesentliche konzentrieren? Vielleicht haben Sie sogar noch gar nicht mit den Vorbereitungen begonnen. Es ist vollkommen in Ordnung, das ganz große Tamtam in diesem Jahr einfach wegzulassen.

Anregung zum Gebet

Bitten wir den Herrn heute,
mit Blick auf die Krippe,
um die Gnade der Fruchtbarkeit für die Kirche.
Es gibt so viel Unfruchtbarkeit im Volk Gottes:
die Unfruchtbarkeit der Selbstzentriertheit, der Macht.
Wir bitten, dass dieses Weihnachtsfest
unsere Kirche öffnet für das Geschenk Gottes,
das es ihr ermöglicht, vom Heiligen Geist verblüfft zu werden,
damit sie eine Kirche wird, die Kinder hat, eine Mutterkirche.

20. Dezember

„O Schlüssel Davids“: Eine ganz persönliche Beziehung

Jes 7,10–14; Ps 24,1–6; Lk 1,26–38

Worte von Papst Franziskus

Die gesamte Heilsgeschichte hindurch hatte die Gegenwart Gottes immer etwas Geheimnisvolles, auch als er sein Volk in der Wüste begleitete. Die ganze Heilsgeschichte zeigt, dass der Herr dabei immer das Geheimnis seiner Gegenwart bewahrt hat. Gottes stille Gegenwart, die unser Leben begleitet, hilft uns, ihm zu begegnen und uns mit dem Herrn auf eine lebenslange Reise zu begeben. Jeder von uns weiß, auf welche geheimnisvolle Weise der Herr in unserem Herzen und unserer Seele wirkt. Es ist die Gegenwart, die Kraft, der Heilige Geist, der in uns wirkt. Diese Gegenwart in uns und in unserem Leben nennt sich Stille. Diese Stille ist die Wolke, die das Geheimnis unserer Beziehung zum Herrn verhüllt, unsere Heiligkeit und unsere Sünden.

Dieses Phänomen können wir nicht erklären. Wir brauchen die Stille in unserem Leben, um mit Gott in Verbindung zu bleiben. Diese Wolke der Stille ist die Kraft Gottes in uns, sie ist die Stärke des Heiligen Geistes.

Ich denke daran, wie oft Maria still geblieben ist, wie oft sie nicht gesagt hat, was sie fühlte, um ihre Beziehung zu ihrem Sohn zu wahren. Maria war still, aber in ihrem Herzen kommunizierte sie in diesem entscheidenden Moment der Geschichte viel mit dem Herrn. Bestimmt hat sich Maria an die Worte des Engels erinnert: An diesem Tag hatte er ihr gesagt, dass ihr Sohn groß werden würde. Er hat ihr gesagt, dass er den Thron von David, seinem Vorvater, erben und für immer herrschen würde. „Aber jetzt sieh dir das hier an!", muss sie zu Gott gerufen haben. Ihr Sohn Jesus hing am Kreuz. Maria hüllte das Geheimnis, das sie nicht ergründen konnte, in Schweigen. So ermöglichte sie dem Geheimnis zu wachsen und brachte so große Hoffnung für alle Menschen.

Das Wort berührt unser Herz

Wir leben in einer Welt, in der erwartet wird, dass man immer über alles redet. Auch in Kirchenkreisen besteht die Erwartung an die Menschen, sich in Kleingruppen einzubringen und ihre Erfahrungen mit Gott und Gebet mitzuteilen. Das kann großen Druck ausüben auf Menschen, die eher schüchtern und introvertiert sind. Zu früh zu viel von sich zu erzählen, kann eine empfindliche Beziehung kaputtmachen, sei es die zu einem anderen Menschen oder im Gebetsleben. Die Welt ist tiefen geistlichen Erfahrungen gegenüber nicht immer besonders nett. Besondere Erlebnisse für sich zu behalten, kann ein wichtiger Teil unseres geistlichen Lebens sein.

Das Wort wird lebendig

Denken Sie in aller Stille über ein paar wertvolle Momente in Ihrem geistlichen Leben nach. Denken Sie an Zeiten, in denen Sie die Gegenwart Gottes auf ganz bemerkenswerte Art und Weise erlebt haben. Vertrauen Sie darauf, dass Gott Ihnen zeigen wird, wann und wem Sie von diesen Dingen erzählen können.

Anregung zum Gebet

Möge der Herr uns allen
die Gnade schenken, Stille zu genießen,
sie zu suchen,
ein Herz zu haben, das von einer Wolke der Stille
umhüllt wird,
so dass das Geheimnis, das in uns wächst,
viel Frucht bringt.

*

21. Dezember

„O Morgenstern“: Unsere Reise nähert sich der Vollendung

Hld 2,8–14 oder Zef 3,14–18; Ps 33,2–3+11–12+20–21; Lk 1,39–45

Worte von Papst Franziskus

Die biblische und christliche Sichtweise von Zeit und Geschichte ist nicht zyklisch, sondern linear: Es ist eine Reise auf dem Weg zur Vollendung. Ein Jahr, das vergangen ist, bringt uns also nicht zu einer Wirklichkeit, die endet, sondern zu erfüllter Wirklichkeit. Sie ist ein weiterer Schritt zu dem Ziel, das uns erwartet: ein Ziel voller Hoffnung und Freude, denn dort werden wir Gott treffen, der der Grund für unsere Hoffnung und die Quelle unserer Freude ist.

Das Jahr geht zu Ende und wie in einem Korb sammeln wir die Tage, Wochen und Monate, die wir gelebt haben, und bringen sie dem Herrn. Mutig stellen wir uns die Frage: Wie haben wir die Zeit genutzt, die er uns gegeben hat? Haben wir sie vor allem für uns selbst genutzt, für unsere eigenen Interessen, oder haben wir uns auch für Andere engagiert? Wie viel Zeit haben wir mit Gott verbracht, im Gebet, in der Stille, in Anbetung?

Das neue Jahr wird besser werden, wenn die Menschen es nicht „aus der Distanz“ betrachten, wie auf einer

Postkarte, wenn sie das Leben nicht nur „vom Balkon aus" beobachten, ohne sich selbst einzubringen in die vielen Probleme der Menschheit, in die Probleme von Männern und Frauen, die schon immer, ob es uns gefällt oder nicht, unsere Brüder und Schwestern waren.

Das Wort berührt unser Herz

Das Geheimnis der Menschwerdung ist, dass Gottes Zeit unsere Zeit wird und unsere Zeit Gottes Zeit wird. Die Weihnachtsferien und der Jahreswechsel sind eine besondere Gelegenheit dafür, sich eine Auszeit vom Alltag zu nehmen und über das zu Ende gehende Jahr und die Chancen nachzudenken, die uns im neuen Jahr erwarten.

Das Wort wird lebendig

Der Papst ruft uns dazu auf, lieber aktive Teilnehmer als nur Beobachter unseres Lebens zu sein. Suchen Sie sich etwas, das Ihnen am Herzen liegt, und finden Sie eine Möglichkeit, sich in diesem speziellen Bereich einzubringen.

Anregung zum Gebet

Lasst uns danken für all den Segen,
den Gott uns hat zuteilwerden lassen,
besonders für seine Geduld und seine Treue,
die sich im Lauf der Geschichte immer wieder gezeigt haben,
sich aber besonders da zeigen,
wo „Gott seinen Sohn gesandt hat, geboren von einer Jungfrau" (Galater 4,4).

Möge die Mutter Gottes uns lehren,
den menschgewordenen Gott willkommen zu heißen,
so dass jedes Jahr, jeder Monat, jeder Tag
von seiner ewigen Liebe erfüllt sein möge.
Amen.

22. Dezember
„O König der Völker“: Dies wird ein Zeichen sein

1 Sam 1,24–28; 1 Sam 2,1+4–8abcd; Lk 1,46–56

Worte von Papst Franziskus

Das Kind Jesus, geboren in Bethlehem, ist das Zeichen, das Gott denen gegeben hat, die auf die Rettung warten. Dieses Kind wird für immer das Zeichen von Gottes Sanftheit und seiner Gegenwart in dieser Welt sein. Auch heute noch sind Kinder ein Zeichen. Daher sollten wir uns fragen: Wer sind wir, wenn wir vor dem Jesuskind stehen? Wer sind wir, wenn wir vor den Kindern der heutigen Zeit stehen? Sind wir wie Maria und Josef, die Jesus willkommen geheißen haben und ihn mit der Liebe von Vater und Mutter umsorgt haben? Oder sind wir wie Herodes, der ihn töten wollte? Sind wir wie die Hirten, die vor ihm auf die Knie fielen und ihm ihre bescheidenen Geschenke brachten? Oder ist Jesus uns egal? Sind wir vielleicht Menschen, die nette und fromme Worte benutzen, sich aber auf Kosten von Kindern in armen Ländern bereichern? Sind wir bereit dazu, für Kinder da zu sein, Zeit mit ihnen zu „verplempern“? Sind wir bereit dazu, ihnen zuzuhören, uns um sie zu kümmern, für sie und mit ihnen zu beten? Oder ignorieren wir sie, weil wir viel zu sehr mit uns selbst beschäftigt sind?

„Dies wird das Zeichen sein: Ihr werdet ein Kind finden …“ Vielleicht weint der kleine Junge oder das kleine Mädchen. Es weint, weil es Hunger hat, weil ihr kalt ist oder weil er oder sie im Arm gehalten werden möchte … Auch heute weinen Kindern, sie weinen oft, und ihr Weinen fordert uns alle heraus. In einer Welt, in der täglich Tonnen von Lebensmitteln und Medikamenten weggeworfen werden, gibt es Kinder, die hungern und unter leicht heilbaren Krankheiten leiden. Diese Kinder rufen oft vergeblich um Hilfe.

In einer Zeit, in der darauf bestanden wird, Minderjährige zu schützen, floriert der Handel mit Waffen, die letztendlich in den Händen von Kindersoldaten landen. Zudem gibt es einen großen Markt für Waren, die von Kindersklaven produziert wurden. Der Schrei dieser Kinder wird unterdrückt! Sie müssen kämpfen, sie müssen arbeiten, sie dürfen nicht weinen! Aber ihre Mütter weinen um sie, wie Rahel es tat: Sie weinen um ihre Kinder und lassen sich nicht trösten (vgl. Matthäus 2,18).

Das Kind Jesus, geboren in Bethlehem, ist wie jedes Kind ein Zeichen dafür, wie es um die Gesundheit unserer Familien, unserer Gemeinden, unserer Nation bestellt ist. Eine so offene und ehrliche Diagnose kann uns zu einem neuen Lebensstil führen, in dem unsere Beziehungen nicht mehr von Konflikten, Unterdrückung und Konsumdenken geprägt sind, sondern von Brüderlichkeit, Vergebung und Versöhnung, Solidarität und Liebe.

Das Wort berührt unser Herz

Manchmal hören wir Sätze wie: „Weihnachten gehört den Kindern." So ist es auch. Wenn Sie sich die Kleinen in Ihrer direkten oder weiteren Familie ansehen, wissen Sie, dass es Weniges gibt, das der Freude und Ergriffenheit nahekommt, die man in den Augen der Kinder sieht, wenn sie all die Lichter, den Schmuck, die Geschenke und Festlichkeit wahrnehmen. Aber Papst Franziskus erinnert uns daran, dass wir auch an die Kinder denken sollten, für die Weihnachten keine verzauberte und entzückende Zeit ist.

Papst Franziskus hat diese Worte oben bei seinem Besuch in Bethlehem im Mai 2014 gesprochen. In diesem vom Krieg zerrissenen Ort, geteilt durch Nationalität, Religion und Jahrhunderte voller Kriege und Missverständnisse, ist die Dunkelheit leicht zu erkennen, die immer noch in unserer Welt herrscht. In Bethlehem wird deutlich, wie sehr wir das Licht des Friedensfürsten brauchen.

Das Wort wird lebendig

Nehmen Sie sich an diesem Weihnachtsfest viel Zeit für die Kinder in Ihrem Umfeld. Manchmal verstricken wir uns so sehr in den Vorbereitungen, dass wir gerade für die keine Geduld haben, für die wir so viel Zeit, Energie und Geld aufwenden. Denken Sie daran, dass Kinder unsere liebevolle Aufmerksamkeit sehr viel mehr brauchen als ein neues Spielzeug unter dem Weihnachtsbaum.

Gebet

Maria, Mutter Jesu,

du, die du angenommen hast, lehre uns anzunehmen.

Du, die du angebetet hast, lehre uns anzubeten.

Du, die du gefolgt bist, lehre uns zu folgen.

Amen.

23. Dezember
„O Immanuel“: Wir wollen dein Angesicht sehen

Mal 3,1-4+23-24; Ps 25,4-5+8-10+14; Lk 1,57-66

Worte von Papst Franziskus

In dieser Woche ist die Kirche wie Maria: Sie wartet auf eine Geburt. Die Jungfrau spürte an Körper und Seele, dass die Geburt ihres Kindes bald bevorstand. Sicher hat sie in ihrem Herzen zu dem Baby in ihrem Bauch gesagt: „Komm, ich möchte dich sehen, denn man hat mir gesagt, dass du besonders werden wirst!“

Wir begleiten Unsere Liebe Frau auf dieser Reise des Wartens. Tatsächlich kommt der Herr zweimal. Sein Erstes Kommen ist das, das wir bald feiern werden: seine Geburt. Dann wird er am Ende der Zeit wiederkommen, zum Abschluss der Geschichte. Der heilige Bernhard spricht sogar von einem Dritten Kommen des Herrn: Er kommt zu uns, zu seiner Kirche, jeden Tag. Er besucht jeden von uns. Unsere Seele wird ihm, der Kirche und Maria immer ähnlicher.

Unsere Seelen warten auf das Kommen des Herrn und rufen aus: „Komm, Herr!“ In diesen Tagen wirkt der Heilige Geist im Herzen eines jeden von uns und spricht uns das Gebet vor: „Komm, komm!“

Das Wort berührt unser Herz

Vielleicht fällt es uns leichter, uns das Erste Kommen von Jesus als Kind in Bethlehem vorzustellen als sein Kommen zu uns jeden Tag. Wir glauben an seine Anwesenheit in der Eucharistiefeier. Vielleicht haben wir auch eine Ahnung von einer göttlichen Gegenwart in unserem täglichen Leben. Wenn wir in diesen Tagen an seine Geburt denken, wäre das eine gute Gelegenheit, um die Gnade zu bitten, sein Gesicht öfter zu sehen. Die Evangelien geben uns ein paar Hinweise, wo wir suchen können: bei den Armen, den Obdachlosen, den Nackten, den Hungrigen, den Gefangenen, den Unterdrückten. Wenn wir ihn dort einmal erkannt haben, wie können wir dann anders, als ihm dort mit all unserer Kraft zu dienen? Das ist die Gnade, um die wir bitten, wenn wir sagen: „Komm, Herr Jesus!"

Das Wort wird lebendig

Denken Sie an ein Neugeborenes in Ihrer Familie. Wenn Sie selbst Vater oder Mutter sind, ist das vermutlich nicht schwer. Denken Sie an den Moment, in dem Sie das Gesicht dieses kleinen Menschen zum ersten Mal sahen. Stellen Sie sich vor, was Maria gedacht haben muss, als sie den neugeborenen Jesus betrachtete. Jetzt malen Sie sich aus, was Gott wohl denkt, wenn er uns ansieht. Denken Sie auch an die, die schon bei ihrer Geburt in das ewige Leben übergetreten sind. Nehmen Sie sich die Zeit, einfach dankbar zu sein für all die Gesichter der Menschen, von denen Sie geliebt wurden und die Sie geliebt haben. Denken Sie daran, dass das, was Sie in diesen Gesichtern sehen, ein Widerschein von Gottes Gesicht ist.

Anregung zum Gebet

Mit Unserer Lieben Frau und der Kirche rufen wir aus:
O Weisheit,
o Adonai,
o Wurzel Jesse,
o Schlüssel Davids,
o Morgenstern,
o König aller Völker,
o Immanuel,
komm, komm!
Seien wir gewiss, dass der Herr heute kommt
und dass wir morgen seine Herrlichkeit sehen werden.

24. Dezember · Heiligabend
Ein Licht strahlt auf über ihnen

Jes 9,1–6; Ps 96,1–3+11–13; Tit 2,11–14; Lk 2,1–14 (Christmette)

Worte von Papst Franziskus

„Das Volk, das im Dunkeln lebt, sieht ein helles Licht." (Jesaja 9,1) Diese Verheißung von Jesaja berührt uns immer wieder, besonders, wenn sie in der Weihnachtsliturgie gelesen wird. Es ist nicht einfach eine emotionale oder sentimentale Angelegenheit. Dieser Text bewegt uns, weil er eine tiefe Wahrheit darüber, wer wir sind, zum Ausdruck bringt: ein Volk, das unterwegs ist, und um uns herum – und auch in uns drin – gibt es Dunkelheit und Licht. Wenn wir Gott lieben und unsere Brüder und Schwestern, wandeln wir im Licht; aber wenn unser Herz verschlossen ist, wenn wir von Stolz beherrscht sind, von Falschheit und Selbstsucht, dann bricht die Dunkelheit über uns herein und breitet sich um uns aus.

Jesus ist die personifizierte Liebe. Er ist nicht einfach nur ein weiser Lehrer, er ist nicht ein Ideal, dem wir uns annähern sollen, während wir gleichzeitig wissen, dass wir hoffnungslos weit weg von ihm sind. Er ist der Sinn des Lebens und der Geschichte, der sein Zelt in unserer Mitte aufgeschlagen hat. Die Hirten waren die Ersten, die dieses „Zelt" sahen, die die Nachricht von der Geburt Jesu gehört haben. Sie waren die Ersten, weil sie zu den Letzten gehörten, den Ausgestoßenen. Und sie waren die Ersten, weil sie wach waren, Nachtwache hielten und über ihre Herden wachten. Auch Pilger müssen immer wachsam sein, und die Hirten waren genau das.

Die Engel sagten zu den Hirten: „Habt keine Angst!" Und ich wiederhole es: Habt keine Angst! Unser Vater ist geduldig, er liebt uns, er gibt uns Jesus, der uns auf dem Weg ins Gelobte Land führt. Jesus ist das Licht, das die Dunkelheit erhellt. Er ist Barmherzigkeit: Unser Vater vergibt uns immer. Er ist unser Friede. Amen.

Das Wort berührt unser Herz

Die Christmette hat viel von ihrem traditionellen Glanz verloren. In meiner eigenen Pfarrgemeinde, im Herzen der Innenstadt, gibt es nur eine Messe um 19 Uhr. An vielen Orten hat man sich für 22 oder 23 Uhr entschieden. Manchmal vermisse ich es, um kurz vor Mitternacht noch einmal in die Kirche zu gehen. Damit einher geht ein Gefühl von Wachsamkeit, das wir in unseren Zeiten voller Glühbirnen und ständig geöffneter Läden verloren haben. Und doch sind die Metaphern von Dunkelheit und Licht sehr treffend, wie uns der Papst hier erinnert. Sie sind Zeichen einer inneren Wahrheit. Wir haben alle schon Zeiten der Dunkelheit erlebt sowie Zeiten, in denen wir das große Licht erblicken durften.

Das Wort wird lebendig

„Auch in unserer persönlichen Geschichte gibt es helle und dunkle Momente, Licht und Schatten", hat Papst Franziskus gesagt. Wenn Sie sich die vielen Lichter an Weihnachten ansehen – glitzernde Lichter am Baum, das sanfte Flackern der Kerzen, die geschmackvollen (oder auch geschmacklosen) Lichterketten an den Häusern –, dann denken Sie auch an Licht und Schatten in Ihrem Leben und die Art, wie Gottes Liebe und Barmherzigkeit sowohl im Licht als auch im Schatten bei Ihnen waren.

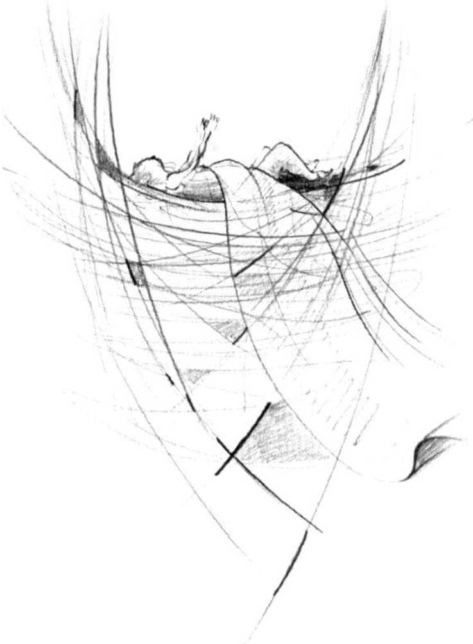

Gebet

Halten wir zusammen mit den Hirten inne
vor dem Kind,
halten wir inne in Stille.
Danken wir zusammen mit den Hirten
dem Herrn dafür, dass er uns Jesus gegeben hat,
und beten wir gemeinsam aus
tiefstem Herzen seine Treue an:

Wir preisen dich, Herr in der Höhe,
der sich für uns erniedrigt hat.
Du bist unermesslich und hast dich für uns klein gemacht.
Du bist reich und hast dich arm gemacht.
Du bist allmächtig und hast dich verletzlich gemacht.

25. Dezember · 1. Weihnachtstag
Ehre sei Gott

Jes 52,7–10; Ps 97,1+6+11–12; Lk 2,15–20; Tit 3,4–7

Worte von Papst Franziskus

Ich greife das Lied der Engel auf, die den Hirten in Bethlehem in der Nacht erschienen sind, in der Jesus geboren wurde. Es ist ein Lied, das Himmel und Erde vereint, das dem Himmel Ehre und Anbetung bringt und das Versprechen des Friedens für die Welt und alle Menschen. Ich lade jeden ein, in dieses Lied einzustimmen: Es ist ein Lied für alle Männer und Frauen, die die Nacht hindurch Wache halten, die auf eine bessere Welt hoffen, die sich um Andere kümmern und in aller Demut ihren Dienst tun möchten.

Das ist es, worum es an Weihnachten vor allem geht: Gott die Ehre zu geben, denn er ist gut, er ist treu, er ist barmherzig. Heute verleihe ich meiner Hoffnung Ausdruck, dass jeder das wahre Gesicht Gottes kennenlernen wird, den Vater, der uns Jesus gegeben hat. Meine Hoffnung ist, dass jeder Gottes Nähe spüren wird, in seiner Gegenwart lebt, ihn liebt und ihn anbetet.

Möge jeder von uns Gott die Ehre geben mit seinem Leben – einem Leben, das in Liebe für ihn gelebt wird und in Liebe zu unseren Brüdern und Schwestern.

Liebe Brüder und Schwestern, heute ist der Heiland geboren, Christus der Herr – in diese Welt, in diese Menschheit hinein. Halten wir inne vor dem Kind in Bethlehem. Erlauben wir unseren Herzen, berührt zu werden, überwinden wir unsere Angst davor. Wir brauchen das! Erlauben wir uns, von der Sanftheit Gottes gewärmt zu werden. Wir brauchen seine Berührung. Gottes Berührungen tun uns nichts Böses. Sie geben uns Frieden und Kraft. Wir brauchen seine Nähe. Denn Gott ist voller Liebe: Ihm sei Ehre und Anbetung für immer! Gott ist Frieden: Bitten wir ihn, uns dabei zu helfen, Frieden zu stiften in unserem Leben, in unseren Familien, unseren Städten und Nationen, in der ganzen Welt. Erlauben wir uns selbst, von Gottes Güte berührt zu werden.

An diesem Tag, erleuchtet von der Guten Nachricht, an dem Hoffnung aufkeimt aus dem bescheidenen Stall in Bethlehem, spreche ich das Geschenk von Weihnachten aus für alle: für Kinder und Alte, für junge Menschen und Familien, für die Armen und Ausgestoßenen. Möge Jesus, der für uns geboren wurde, alle die trösten, die von Krankheit und Elend betroffen sind. Möge er die stärken, die sich dafür hingegeben haben, ihren Brüdern und Schwestern zu dienen, die in Not sind. Allen wünsche ich fröhliche Weihnachten!

Das Wort berührt unser Herz

Eine der Traditionen des Vatikans ist der *Urbi et Orbi*-Segen, aus dem die heutige Andacht des Papstes entnommen wurde. Wie auch seine Vorgänger es getan haben, segnet Papst Franziskus am ersten Weihnachtsfeiertag die Stadt Rom und die ganze Welt als Zeichen von Gottes Gegenwart in unserer Mitte – nicht nur in Bethlehem vor 2000 Jahren, sondern jeden Tag. Es ist sowohl eine ganz nüchterne Anerkennung der Tatsache, dass viele Orte und Situationen dringend Segen, Fürsorge und Gerechtigkeit brauchen, als auch ein Feiern der Gemeinschaft der Menschheit an diesem Tag der Familienfeiern und Festivitäten.

Das Wort wird lebendig

Wo auch immer Sie sich heute mit Familie und Freunden versammeln, nehmen Sie sich die Zeit, nicht nur Ihre direkte Familie zu segnen, sondern auch für den Frieden Gottes und seinen Segen für die ganze Welt zu beten.

Anregung zum Gebet

Liebe Brüder und Schwestern,
möge der Heilige Geist heute unsere Herzen erhellen,
damit wir das Baby Jesus erkennen,
geboren in Bethlehem von der Jungfrau Maria,
die Rettung, die Gott jedem von uns schenkt,
jedem Mann und jeder Frau und allen Völkern der Erde.

Möge seine erlösende Kraft
Waffen in Pflugscharen verwandeln,
Zerstörung in Kreativität,
Hass in Liebe und Sanftheit.
Dann werden wir voller Freude ausrufen können:
„Unsere Augen haben deine Herrlichkeit gesehen!“

26. Dezember · 2. Weihnachtstag, Tag des heiligen Stephanus

Gewalt wird durch Liebe besiegt

Apg 6,8–10; 7,54–59; Mt 10,17–22

Worte von Papst Franziskus

In der fröhlichen Atmosphäre an Weihnachten mag dieser Gedenktag fehl am Platz erscheinen. Denn an Weihnachten feiern wir das Leben und sind erfüllt von Gelassenheit und Frieden. Warum dieses Gefühl kaputtmachen durch die Erinnerung an so brutale Gewalt? Aus der Perspektive des Glaubens betrachtet, ist das Fest des heiligen Stephanus in Wirklichkeit voll im Einklang mit der tieferen Bedeutung von Weihnachten. Tatsächlich wird im Martyrium Gewalt durch Liebe besiegt, der Tod durch das Leben. Jesus verwandelt den Tod derer, die ihn lieben, in die Morgendämmerung eines neuen Lebens!

Das Martyrium des Stephanus versinnbildlicht die Konfrontation zwischen Gut und Böse, zwischen Hass und Vergebung, zwischen Milde und Gewalt, die im Kreuz Christi gipfelte. Deshalb beseitigt die Erinnerung an den ersten Märtyrer gleich das falsche Bild von Weihnachten: Das märchenhafte Bild aus Zuckerguss ist nicht das Evangelium! Die Liturgie bringt uns zurück zur wirklichen Bedeutung der Menschwerdung, indem sie Bethlehem mit

Golgatha verbindet und indem sie uns daran erinnert, dass die göttliche Erlösung den Kampf gegen die Sünde erfordert. Sie muss durch die enge Pforte am Kreuz.

Der Guten Nachricht zu folgen, ist sicher ein schöner, ein wunderschöner Weg, und die, die ihm treu und mutig folgen, bekommen die Belohnung, die der Herr versprochen hat. Die Engel sangen am ersten Weihnachtstag: „Frieden, Frieden!“ Dieser Friede von Gott gibt uns die Kraft, ihm bis zum Ende zu folgen (vgl. Matthäus 10,22).

Das Wort berührt unser Herz

Der heilige Stephanus wurde in der Apostelgeschichte als einer der Diakone ausgewählt. Sie kümmerten sich um die Armen, die Waisen und die Witwen in der ersten christlichen Gemeinde. Seinen Namenstag zu feiern mitten in dieser Jahreszeit, die oft von Verschwendungssucht und Gier geprägt ist, führt uns vor Augen, dass es um Gott geht, nicht um unsere Bedürfnisse. Die Erinnerung an einen Märtyrer so bald nach Weihnachten ist eine ernüchternde Erinnerung daran, dass Gott zwar immer und überall die Liebe ist, der Hass in unserer gefallenen Welt aber noch nicht ausgelöscht wurde. Aber wie Jesus und wie der heilige Stephanus können wir diesem Hass und dieser Gewalt nur mit Liebe und Vergebung begegnen.

Das Wort wird lebendig

Falls Sie das englische Weihnachtslied „Good King Wenceslas“ kennen, wissen Sie, dass dieser König und sein treuer Page einem armen Mann am Fest des heiligen Stephanus geholfen haben. Es ist angemessen, an diesem Tag etwas zu tun, um den Bedürftigen zu helfen. Die Armen brauchen jeden Tag des Jahres unsere Aufmerksamkeit, nicht nur an den Feiertagen. Vielleicht können wir heute die Verpflichtung eingehen, uns langfristig in diesem Bereich zu engagieren.

Anregung zum Gebet

Brüder und Schwestern,
lasst uns heute vor allem für die beten,
die diskriminiert, verfolgt und getötet werden,
weil sie Christen sind.
Wer dieses Kreuz mit Liebe trägt,
hat das Geheimnis von Weihnachten verstanden
und ist im Herzen Christi und der Kirche.

Heiliger Stephanus, Diakon und erster Märtyrer,
hilf uns auf unserem täglichen Weg,
den wir am Ende hoffentlich krönen
mit einem fröhlichen Zusammentreffen
aller Heiligen im Paradies.

Möge Maria, Königin der Märtyrer,
uns dabei helfen, Weihnachten
mit dem Feuer des Glaubens und der Liebe zu feiern,
das in Stephanus zu sehen war
und in allen Märtyrern der Kirche.

Sonntag nach Weihnachten · Fest der Heiligen Familie

Darf ich? Danke! Entschuldigung!

Sir 3,2–6+12–14; Kol 3,12–21 oder Hebr 11,8+11–12+17–19; Lk 2,22–40

Worte von Papst Franziskus

Die Botschaft der Heiligen Familie ist in erster Linie eine Botschaft des Glaubens. Im Familienleben von Maria und Josef ist Gott wirklich im Mittelpunkt, nämlich in der Person Jesus. Darum wird diese Familie aus Nazareth auch die Heilige Familie genannt: weil sie auf Jesus ausgerichtet ist. Wenn Eltern und Kinder zusammen dieses Klima des Glaubens einatmen, haben sie eine Energie, die es ihnen ermöglicht, auch in schwierigen Zeiten zu bestehen, wie es die Erfahrung der Heiligen Familie zeigt, zum Beispiel bei der dramatischen Flucht nach Ägypten, einem schlimmen Erlebnis.

Das Baby Jesus mit seiner Mutter Maria und mit dem heiligen Josef sind ein einfaches, aber sehr leuchtendes Beispiel für Familie. Das Licht, das sie verbreiten, ist das Licht der Barmherzigkeit und der Rettung für die ganze Welt, das Licht der Wahrheit für alle, für die Gemeinschaft der Menschheit und alle einzelnen Familien. Dieses Licht, das von der Heiligen Familie kommt, macht uns Mut, menschliche Wärme zu geben in den Familiensituationen, in denen aus verschiedenen Gründen Harmonie und Vergebungsbereitschaft fehlen. Möge unsere Solidarität nicht kleiner werden, vor allem in Bezug auf die Familien, die schwierige Zeiten durchmachen aufgrund von Krankheit, Arbeitslosigkeit, Diskriminierung oder Flucht.

Der Blick auf die Heilige Familie zeigt auch die Einfachheit ihres gemeinsamen Lebens in Nazareth. Es ist ein Beispiel, das unseren Familien sehr guttut, denn es hilft ihnen dabei, Gemeinschaften voller Liebe und Versöhnung zu werden, in denen Sanftmut, gegenseitige Hilfe und gegenseitige Vergebung erlebt werden können. Denken wir an die drei Schlüsselbegriffe für ein friedliches und fröhliches Zusammenleben in der Familie: „Darf ich?", „Danke!" und „Entschuldigung!" Frieden und Freude ziehen ein, wenn wir in unseren Familien lernen, nicht übergriffig zu sein, sondern „Darf ich?" zu fragen, nicht selbstsüchtig zu sein, sondern „Danke!" zu sagen und einzusehen, wenn wir etwas falsch gemacht haben, und dafür um Entschuldigung zu bitten.

Das Wort berührt unser Herz

Manchmal kommen an den Weihnachtsfeiertagen zu viele verschiedene Familienmitglieder zusammen oder einfach für zu viele Tage am Stück. Wie wir schon früher festgestellt haben, ist die Familie oft der erste und der letzte Ort, an dem wir lernen, mit Menschen zu leben und Menschen zu lieben – in guten wie in schlechten Zeiten. Jesus, Maria und Josef kannten den Stress und die Schwierigkeiten, die das Familienleben mit sich bringt, genauso gut wie alle anderen Familien auf dieser Welt.

Das Wort wird lebendig

Reden Sie mit Ihrer Familie über die drei Begriffe, die der Papst als essenziell für die Harmonie in der Familie nennt: „Darf ich?", „Danke!" und „Entschuldigung!" Nehmen Sie sich außerdem die Zeit zu überlegen, wie das Verwenden dieser Begriffe auf unsere Völkergemeinschaft ausgeweitet werden kann.

Anregung zum Gebet

Rufen wir voller Inbrunst Maria, die Heiligste, an,
die Mutter Jesu und unsere Mutter,
und den heiligen Josef, ihren Mann.
Bitten wir sie, jede Familie auf der Welt
zu erleuchten, zu trösten und zu führen,
damit sie mit Würde und Frieden
die Mission erfüllen können,
die Gott ihnen anvertraut hat.

1. Januar
Maria, Mutter Gottes

4 Mo 6,22–27; Ps 67,2–3+5–6+8; Lk 2,16–21; Gal 4,4–7

Worte von Papst Franziskus

In der ersten Lesung finden wir das alte Segensgebet, das Gott Mose für Aaron und seine Söhne mit auf den Weg gegeben hat:

„Der Herr segne dich und behüte dich! Der Herr lasse sein Angesicht über dir leuchten und sei dir gnädig!" (4. Mose 6,24–25).

Es gibt keinen Zeitpunkt, an dem diese Segensworte mehr bedeuten als am Anfang eines neuen Jahres: Sie werden uns durch das ganze Jahr begleiten, das jetzt vor uns liegt. Es sind Worte voller Kraft, Mut und Hoffnung. Nicht eine illusorische Hoffnung, die auf zerbrechlichen menschlichen Versprechen basiert, oder eine naive Hoffnung, die davon ausgeht, dass die Zukunft besser sein wird, einfach weil sie die Zukunft ist. Vielmehr ist es eine Hoffnung, die genau in diesem Segen Gottes verwurzelt ist. Ein Segen, der die beste Botschaft voller guter Wünsche enthält, die man sich vorstellen kann. Das ist die Botschaft, die die Kirche jedem von uns bringt, erfüllt von der liebevollen Fürsorge des Herrn und seiner Hilfe.

Die Mutter des Erlösers geht uns voran und stärkt uns fortwährend in unserem Glauben, in unserer Berufung und unserer Mission. Durch ihr Beispiel an Demut und Offenheit für Gott wird sie uns helfen, unseren Glauben zu einem fröhlichen Bekenntnis des Evangeliums für alle Menschen werden zu lassen, ohne Ausnahme. So wird unsere Mission Früchte tragen, denn die Mutterschaft Marias ist ihr Vorbild. Vertrauen wir ihr unsere Reise des Glaubens, unsere tiefsten Herzenswünsche, unsere Bedürfnisse und Sorgen um die ganze Welt an, besonders um die Menschen, die nach Gerechtigkeit, Frieden und nach Gott hungern und dürsten.

Indem wir die Heiligste Jungfrau Maria feiern, die Heilige Mutter Gottes, erinnert die Kirchc uns daran, dass Maria, mehr als irgendjemand sonst, diesen Segen empfangen hat. In ihr findet dieser Segen seine Erfüllung, denn über kein anderes Geschöpf hat das Angesicht Gottes jemals so geleuchtet wie über Maria. Sie gab dem ewigen Wort ein menschliches Gesicht, damit wir alle ihn betrachten können.

Das Wort berührt unser Herz

Der 1. Januar hat über die Jahre hinweg viele Namen und Bedeutungen bekommen. In unserer säkularen Gesellschaft heißt er natürlich Neujahr oder Neujahrstag. Im Leben der Kirche bildet er die Oktave zu Weihnachten und erinnert uns daran, dass die größten Feste im Kirchenjahr immer acht Tage lang gefeiert werden. Zu einer gewissen Zeit erinnerte der Tag an die Beschneidung Jesu, das hebräische Ritual, das an Gottes Bund mit Mose erinnert. Der heutige Kirchenkalender nennt es das Fest Marias, der Mutter Gottes, und erkennt damit Marias Rolle in der Heilsgeschichte an. Und schließlich etablierte Papst Paul VI. ihn 1967 als Weltgebetstag für den Frieden.

Das Wort wird lebendig

Denken Sie an diesem 1. Januar an die Menschen in Ihrem Leben, die Ihnen Freude und Frieden bringen. Beten Sie besonders für diese Leute. Und bitten Sie den Herrn, an diesem Weltgebetstag für den Frieden vor allem die Regionen in unserer Welt mit einem Lächeln zu bedenken, die das Licht seines Friedens ganz besonders nötig haben.

Gebet

Möge die sanfte und liebevolle Mutter
für uns den Segen des Herrn
für die ganze Familie der Menschheit erlangen.
An diesem Weltgebetstag für den Frieden
bitten wir in besonderer Weise um ihre Fürbitte,
damit der Herr Frieden schenken möge:
Frieden in unseren Tagen,
Frieden in unseren Herzen,
Frieden in unseren Familien,
Frieden unter unseren Völkern.

*

6. Januar · Heilige Drei Könige
Wage etwas

Jes 60,1–6; Eph 3,2–3a+5–6; Mt 2,1–12

Worte von Papst Franziskus

Am Fest der Heiligen Drei Könige, an dem wir an dic Menschwerdung Gottes in der Gestalt eines Kindes denken, wünsche ich uns, dass wir die Heiligen Drei Könige an unserer Seite spüren, als weise Ratgeber auf unserer Reise. Ihr Beispiel hilft uns dabei, unseren Blick zum Morgenstern zu erheben und unseren tiefsten Herzenswünschen zu folgen. Sie lehren uns, nicht mit einem Leben in Mittelmäßigkeit zufrieden zu sein, nicht auf Nummer sicher zu gehen, sondern immer von dem angezogen zu sein, was gut, wahr und schön ist: von Gott, der all dies ist und so viel mehr!

Die Heiligen Drei Könige lehren uns auch, uns nicht von Äußerlichkeiten blenden zu lassen, davon, was die Welt für toll, weise oder mächtig hält. Wir müssen da nicht Halt machen. Es ist wichtig, den Glauben zu schützen. Heutzutage ist es von entscheidender Bedeutung, den Glauben zu bewahren. Wir müssen immer weitermachen, der Dunkelheit zum Trotz, den Stimmen zum Trotz, die Alarm schlagen, der Weltlichkeit und den vielen Formen der Moderne entgegen, die es heutzutage gibt. Wir müssen weiterziehen bis nach Bethlehem, wo in der Einfachheit einer kleinen Behausung am Rande der Stadt, neben einer Mutter und einem Vater voller Liebe und voller Glauben, die Sonne aus der Höhe scheint, vom König des Universums.

Das Wort berührt unser Herz

Wir haben den Advent mit Gedanken über unsere Pilgerreise nach Bethlehem begonnen. Wir beschließen unsere Betrachtungen nicht nur mit der Reise der Drei Weisen nach Bethlehem, sondern auch mit ihrer Reise zurück in ihre Heimatländer. Als sie in Jerusalem nach dem neugeborenen „König der Juden" fragten, scheuchten sie damit den machthungrigen König Herodes auf und setzten eine Kettenreaktion in Gang, die zum Mord an unzähligen Kleinkindern führte. Im Matthäus-Evangelium lesen wir, dass sie verändert nach Hause reisten. Sie leisteten den Anweisungen des Engels Folge, der ihnen gesagt hatte, sie mögen das Kind nicht an den König verraten.

Wir sind fasziniert von dieser Geschichte, weil sie immer auch etwas Rätselhaftes hat, etwas Exotisches, in einer Zeit, bevor die ganze Welt offen war für Journalisten und Kameras und das Internet. Selbst wir können uns heutzutage noch vorstellen, wie hart es für diese Menschen gewesen sein muss, eine so lange Reise zu unternehmen, geführt nur von einem Stern und der eigenen Intuition. Es ist die Geschichte des Volkes Gottes von der Berufung

Abrahams bis in unsere Zeit. Wie auch sie sind wir im Glauben unterwegs.

Das Wort wird lebendig

Was haben die Drei Könige im Gesicht des Christuskindes gesehen, das sie verändert nach Hause gehen ließ, in ein neues Leben? Wenn Sie an diesem Tag in Bethlehem gewesen wären, welche Geschichten würden Sie wohl erzählen, wenn Sie wieder zu Hause wären? Wie würden Sie die Geschichte Ihrer eigenen Begegnung mit Christus erzählen? Welche neuen Wege werden Sie in diesem Jahr einschlagen? Welche Risiken sind Sie bereit, auf sich zu nehmen, um die Gute Nachricht weiterzugeben?

Gebet

Nach dem Beispiel der Drei Könige,
mit unseren kleinen Lichtern,
mögen wir das Licht suchen
und den Glauben bewahren.
Amen.

Quellenangaben

1. Adventswoche

1. Adventssonntag: Angelus, 1. Dezember 2013.

Montag: Angelus, 1. Dezember 2013; Gebet zu Maria am Ende des Gebets des Heiligen Rosenkranzes (Petersplatz, 31. Mai 2013).

Dienstag: Morgen-Andacht in der Kapelle im Domus Sancta Marthae, 2. Dezember 2014 (Aus: *L'Osservatore Romano*, wöchentliche Ausgabe in englischer Sprache, Nr. 49, 5. Dezember 2014).

Mittwoch: Morgen-Andacht in der Kapelle im Domus Sancta Marthae, 3. Dezember 2013 (Aus: *L'Osservatore Romano*, wöchentliche Ausgabe in englischer Sprache, Nr. 49, 6. Dezember 2013).

Donnerstag: Morgen-Andacht in der Kapelle im Domus Sancta Marthae, 4. Dezember 2014 (Aus: *L'Osservatore Romano*, wöchentliche Ausgabe in englischer Sprache, Nr. 50, 12. Dezember 2014).

Freitag: Morgen-Andacht in der Kapelle im Domus Sancta Marthae, 6. Dezember 2013 (Aus: *L'Osservatore Romano*, wöchentliche Ausgabe in englischer Sprache, Nr. 50, 13. Dezember 2013).

Samstag: Morgen-Andacht in der Kapelle im Domus Sancta Marthae, 10. Dezember 2013 (Aus: *L'Osservatore Romano*, wöchentliche Ausgabe in englischer Sprache, Nr. 50, 13. Dezember 2013).

2. Adventswoche

2. Adventssonntag: Angelus-Gebet, 7. Dezember 2014.

Montag: Angelus-Gebet, Fest der Unbefleckten Empfängnis, 8. Dezember 2013.

Dienstag: Morgen-Andacht in der Kapelle im Domus Sancta Marthae, 9. Dezember 2014 (Aus: *L'Osservatore Romano*, wöchentliche Ausgabe in englischer Sprache, Nr. 50, 12. Dezember 2014).

Mittwoch: Angelus-Gebet, Fest der Unbefleckten Empfängnis, 8. Dezember 2013; Gebet zu Maria nach dem Glaubensbekenntnis mit den Bischöfen der italienischen Bischofskonferenz (23. Mai 2013).

Donnerstag: Morgen-Andacht in der Kapelle im Domus Sancta Marthae, 11. Dezember 2014 (Aus: *L'Osservatore Romano*, wöchentliche Ausgabe in englischer Sprache, Nr. 50, 19. Dezember 2014).

Freitag: Morgen-Andacht in der Kapelle im Domus Sancta Marthae, 13. Dezember 2013 (Aus: *L'Osservatore Romano*, wöchentliche Ausgabe in englischer Sprache, Nr. 51, 20. Dezember 2013).

Samstag: Predigt, Fest Unserer Lieben Frau von Guadalupe, 12. Dezember 2014.

3. Adventswoche

3. Adventssonntag: Angelus-Gebet, 15. Dezember 2013; 14. Dezember 2014.

Montag: Morgen-Andacht in der Kapelle im Domus Sancta Marthae, 15. Dezember 2014 (Aus: *L'Osservatore Romano*, wöchentliche Ausgabe in englischer Sprache, Nr. 51, 19. Dezember 2014); 16. Dezember 2013 (Aus: *L'Osservatore Romano*, wöchentliche Ausgabe in englischer Sprache, Nr. 51, 20. Dezember 2013).

Dienstag: Morgen-Andacht in der Kapelle im Domus Sancta Marthae, 16. Dezember 2014 (Aus: *L'Osservatore Romano*, wöchentliche Ausgabe in englischer Sprache, Nr. 51, 19. Dezember 2014).

Mittwoch: Morgen-Andacht in der Kapelle im Domus Sancta Marthae, 12. Dezember 2013 (Aus: *L'Osservatore Romano*, wöchentliche Ausgabe in englischer Sprache, Nr. 51, 20. Dezember 2013).

Donnerstag: Predigt, Fest des heiligen Josef, 19. März 2013.

Freitag: Morgen-Andacht in der Kapelle im Domus Sancta Marthae, 23. Dezember 2013 (Aus: *L'Osservatore Romano*, wöchentliche Ausgabe in englischer Sprache, Nr. 1, 3. Januar 2014).

4. Adventswoche: O-Antiphonen

4. Adventssonntag: Angelus-Gebet, 21. Dezember 2014.

17. Dezember: „O Weisheit", Morgen-Andacht in der Kapelle im Domus Sancta Marthae, 17. Dezember 2013 (Aus: *L'Osservatore*

Romano, wöchentliche Ausgabe in englischer Sprache, Nr. 1, 3. Januar 2014).

18. Dezember: „O Adonai", Morgen-Andacht in der Kapelle im Domus Sancta Marthae, 18. Dezember 2014 (Aus: *L'Osservatore Romano*, wöchentliche Ausgabe in englischer Sprache, Nr. 1, 2. Januar 2015).

19. Dezember: „O Wurzel Jesse", Morgen-Andacht in der Kapelle im Domus Sancta Marthae, 19. Dezember 2014 (Aus: *L'Osservatore Romano*, wöchentliche Ausgabe in englischer Sprache, Nr. 1, 2. Januar 2015); 19. Dezember 2013 (Aus: *L'Osservatore Romano*, wöchentliche Ausgabe in englischer Sprache, Nr. 1, 3. Januar 2014).

20. Dezember: „O Schlüssel Davids", Morgen-Andacht in der Kapelle im Domus Sancta Marthae, 20. Dezember 2013 (Aus: *L'Osservatore Romano*, wöchentliche Ausgabe in englischer Sprache, Nr. 1, 3. Januar 2014).

21. Dezember: „O Morgenstern", Predigt, Fest Marias, der Mutter Gottes, 31. Dezember 2013.

22. Dezember: „O König der Völker", Predigt, Messe auf dem Bethlehemer Krippenplatz, 25. Mai 2014.

23. Dezember: „O Immanuel", Morgen-Andacht in der Kapelle im Domus Sancta Marthae, 23. Dezember 2013 (Aus: *L'Osservatore Romano*, wöchentliche Ausgabe in englischer Sprache, Nr. 1, 3. Januar 2014).

24. Dezember: Urbi-et-Orbi-Ansprache, 25. Dezember 2013.

25. Dezember: Mitternachtsmesse 2014; Urbi et Orbi-Ansprache von Papst Franziskus, Dienstag, 25. Dezember 2013; Urbi et Orbi-Ansprache von Papst Franziskus, 25. Dezember 2014.

26. Dezember: Angelus-Gebet, 26. Dezember 2013 und 2014.

Sonntag nach Weihnachten, Fest der Heiligen Familie: Angelus-Gebet, 28. Dezember 2013 und 2014.

1. Januar: Predigt, 1. Januar 2014.

6. Januar: Predigt, 1. Januar 2014.

Bilder des Buches

Seite 8: 28,2 x 37 cm, 2011, Mischtechnik

Seite 16: 55 x 77 cm, 2016, Mischtechnik

Seite 44: 19 x 28 cm, 2014, Mischtechnik

Seite 72: 56,5 x 77 cm, 2009, Aquarell

Seite 95: 28,5 x 38 cm, 2016, Mischtechnik

Seite 100/101: 75 x 28 cm, 2010, Mischtechnik

Seite 126: 36 x 54 cm, 2009, Mischtechnik

Seite 149: 56,5 x 77 cm, 2013, Mischtechnik

Papst Franziskus

mit bürgerlichem Namen Jorge Mario Bergoglio, 1936 als Sohn italienischer Auswanderer in Buenos Aires geboren. 2013 wurde er zum Oberhaupt der katholischen Kirche gewählt. Er gehört dem Orden der Jesuiten an.

Eberhard Münch

wurde 1959 in Mainz geboren. Von 1983 bis 1987 Studium an der Akademie der Bildenden Künste in Nürnberg. Selbständig als Maler und Gestalter, zahlreiche Ausstellungen und Veröffentlichungen.

Diane M. Houdek

ist erfolgreiche Buchautorin in den USA. Die Anglistin und Literaturwissenschaftlerin ist Redakteurin bei Franciscan Media. Als solche hat sie auch die Texte von Papst Franziskus zusammengestellt und kommentiert.